TOME 1
Le magicien de rue

**Catalogage avant publication de Bibliothèque
et Archives nationales du Québec
et Bibliothèque et Archives Canada**

Ramsay, Denis, 1959-
Les chroniques du jeune Houdini
Sommaire : t. 1. Le magicien de rue.
Pour les jeunes.
ISBN 978-2-89585-017-5 (v. 1)
ISBN 978-2-89585-018-2 (v. 1)
ISBN 978-2-89585-043-4 (v. 1)
1. Houdini, Harry, 1874-1926 - Romans, nouvelles, etc.
pour la jeunesse. I. Titre. II. Titre : Le magicien de rue.
PS8585.A45C47 2009   jC843'.54   C2008-942455-7
PS9585.A45C47 2009

Illustration : Jean-Paul Eid
Aide à la recherche : Kathleen Payne

Les Éditeurs réunis bénéficient du soutien financier de la SODEC
et du Programme de crédits d'impôt du gouvernement du Québec.

Nous remercions le Conseil des Arts du Canada
de l'aide accordée à notre programme de publication.

Édition :
LES ÉDITEURS RÉUNIS
www.lesediteursreunis.com

Distribution au Canada :	*Distribution en Europe :*
PROLOGUE	DNM
www.prologue.ca	www.librairieduquebec.fr

Imprimé au Québec (Canada)

Dépôt légal : 2009
Bibliothèque et Archives nationales du Québec
Bibliothèque nationale du Canada

Denis Ramsay

LES CHRONIQUES DU JEUNE
HOUDINI

1. Le magicien de rue

LER
LES ÉDITEURS RÉUNIS

Dans la série
LES CHRONIQUES DU JEUNE HOUDINI

Tome 1 : Le magicien de rue
Tome 2 : Le cirque dément
Tome 3 : À bord du *Noctambule*

À paraître :
Tome 4 : Le chaman sioux
Tome 5 : Au pays des farfadets

1
Le train

Milwaukee, Wisconsin, É.-U., 1888.

Ehrich Weiss avait quatorze ans. Il devait se rendre à New York pour aller chercher un ami de son père qui arrivait de Budapest, en Hongrie. Cet homme s'appelait Robert Silverman et était juif, comme son père et lui-même. Mais, contrairement à sa famille, monsieur Silverman était riche.

Monsieur Weiss avait confié cette mission à son fils car son ami avait promis d'investir dans sa communauté d'accueil. En effet, Appleton, au Wisconsin, où habitait la famille Weiss depuis un an, possédait toutes les qualités pour celui qui voulait fonder une compagnie ou une famille : population en expansion, taux de criminalité relativement bas, main-d'œuvre docile et prête à travailler. Appleton se situait à l'ouest du lac Michigan, quelque part entre la civilisation, parfois rude, de la côte est de l'Amérique et les terres intérieures, le « Far West » décidément sauvage. Mais en 1888, tous les immigrants arrivaient par bateau, et tous les bateaux accostaient au port de New York.

Le jeune Weiss prenait donc le train, sans billet. Son père lui avait donné le montant exact du passage, plus dix cents pour s'acheter une collation en cours de route. Selon une entente avec ses parents, monsieur Silverman paierait le billet de retour du jeune homme. Mais Ehrich voulait garder l'argent du billet pour l'aller. Il se disait que, avec ou sans lui, le train parcourrait de toute façon la distance entre Milwaukee et New York, et que ce n'était pas les deux dollars et quatre-vingt-quinze cents qui allaient appauvrir la compagnie de chemin de fer. Par contre, cet argent lui permettrait de garnir son fonds d'investissement dans sa carrière. Il en avait bien besoin, ne serait-ce que pour s'acheter un haut-de-forme et un lapin à faire disparaître sous les yeux ébahis des spectateurs.

Car Ehrich Weiss était magicien. Ou plutôt, Ehrich Weiss *prétendait* être magicien. Plus exactement encore, Ehrich Weiss *deviendrait* un grand magicien, il en avait la certitude. Mais personne ne pouvait encore voir le magicien en lui, ce garçon de quatorze ans, mince et pas très grand, vêtu d'un long manteau de cuir noir... du moins par endroits. En y regardant de plus près, ce manteau semblait être composé de nombreuses petites pièces dont les teintes avaient été uniformisées avec de la cire à chaussure. L'illusion trompait l'œil, mais l'odeur trahissait le procédé et, quand il pleuvait, l'illusion était à l'eau.

Ce manteau avait de multiples fonctions. De ses quatre poches extérieures partait un réseau de pochettes intérieures, de trous, de tubes cachés dans la doublure, à travers lesquels sa souris Tina se déplaçait librement. Ehrich avait teint sa souris en mauve avec du jus de betterave pour que les spectateurs la voient mieux au moment de la faire disparaître, ce qu'il réussissait à tout coup. Le problème était souvent de la faire *réapparaître,* surtout lorsqu'elle mettait toute sa mauvaise volonté à ne pas montrer le bout de son nez.

Dans ce manteau, l'apprenti magicien cachait également toutes sortes d'objets, dont un couteau, arme tranchante, et un stylet, arme piquante, dont il ne s'était jamais servi. Il espérait n'avoir jamais à s'en servir d'ailleurs, et comptait sur son intelligence et son sourire engageant pour se sortir du pétrin. Ehrich gardait aussi à portée de main deux morceaux de charbon avec lesquels il pouvait se noircir rapidement le visage. Le jeune Weiss ne se déguisait pas... il pouvait parfois laisser planer l'illusion qu'il était quelqu'un d'autre.

Il portait aussi des bottes à semelles légèrement plus hautes que la normale, un pantalon de laine noire et un bon tricot de couleur rouge. Ehrich était ce qu'on pouvait appeler un joli garçon, sans défaut apparent mais sans attrait particulier non plus. Sa chevelure brune, abondante et bouclée, lui donnait par contre un certain charme. Pour l'instant, sa tignasse était en partie placée dans sa casquette de cheminot en feutre mou qu'il avait ramassée sur les rails.

Pour ne pas payer son passage, Ehrich s'était glissé dans la malle d'un autre passager. Il devait cette idée à des voyous d'Appleton qui l'avaient enfermé dans une malle dans le grenier de l'école. Il avait réussi à se libérer et était revenu en classe juste à temps pour le début du cours en descendant du plafond, sous les applaudissements de tous les autres enfants. Pour les voyous de l'école, il était devenu Weiss l'insaisissable.

Aujourd'hui, le 11 mars 1888, il était donc recroquevillé dans la malle d'un bourgeois dont il avait écrasé le chapeau melon, coiffe inutilisable pour un magicien. Il imagina qu'il allait s'endormir jusqu'à destination et que le gentilhomme qui découvrirait ce petit passager clandestin pelotonné dans ses vêtements et les sous-vêtements de sa femme allait fondre. Mais tout compte fait, peut-être que l'homme ne serait pas aussi gentil que prévu…

Il décida donc de sortir de sa cachette pendant que le train se déplaçait sur sa longue trajectoire.

Ehrich n'y voyait rien, enfermé dans le coffre, et allumer une chandelle n'aurait pas bien servi son dessein. Il souleva doucement le couvercle et risqua un coup d'œil : il faisait noir dans le compartiment également. Principe élémentaire : s'il ne voyait personne, personne ne pouvait le voir. Il glissa donc une jambe hors de sa prison. Quand il sentit la malle bouger, il se ravisa. La caisse où il avait pris place était en équilibre instable sur d'autres coffres et valises.

Il laissa d'abord tomber ses choses : son manteau, sa petite valise et son livre – le seul qu'il ait lu d'un bout à l'autre dans sa vie, et ce, plusieurs fois : *Confidences d'un prestidigitateur* de Jean-Eugène Robert-Houdin. Sur la page titre de ce livre, emprunté depuis longtemps au salon de lecture situé au-dessus du magasin général de son village, on pouvait lire « France, 1858. » Son héros venait de France donc, « de l'autre côté de l'océan », comme lui avait dit son père.

La chute des objets produisit un bruit mat. Mais personne ne se manifesta, ce qui convainquit le garçon qu'il était seul dans le compartiment. Ehrich sortit de nouveau le pied de la caisse, prenant ensuite bien soin d'en refermer le couvercle. En bas, il reprit ses choses, mit son manteau et enfonça sa casquette sur sa tête avant d'entreprendre de se glisser le long du train avec précaution pour enfin entrer dans le wagon des passagers, la tête haute, comme si la chose fut tout à fait normale. Seuls les passagers assis dans le sens contraire de la marche du train auraient pu le voir, mais comme le train n'était pas bondé, ces places étaient libres pour la plupart. Il s'adressa immédiatement à la première famille qu'il vit.

— Un petit tour de magie? Vous donnerez ce que vous voudrez…

Ehrich avait utilisé une voix ferme mais polie. Cela ne l'empêcha tout de même pas de se faire rabrouer par l'homme, sans doute le mari de la belle dame qui l'accompagnait et le père des deux fillettes assises à leurs côtés.

— Disparais! C'est la seule magie que je te permets ici!

— Un petit tour de magie? Vous donnerez ce que vous voudrez, essaya-t-il de nouveau un peu plus loin.

Le deuxième groupe, composé de trois hommes, fut plus réceptif.

— Montre-nous ce que tu sais faire, petit magicien.

Ehrich savait qu'il fallait profiter immédiatement de leur enthousiasme. Il sortit prestement un vieux jeu de cartes tout usé et l'ouvrit en éventail entre ses mains.

— Choisissez une carte, n'importe laquelle.

Un doigt boudiné désigna une carte.

— Prenez-la et montrez-la à vos amis.

L'homme montra sa carte à ses deux compagnons qui gardèrent des visages impassibles, dignes d'une partie de poker. Ehrich poursuivit :

— Maintenant, remettez-la dans le paquet.

Il battit les cartes avec dextérité jusqu'à ce qu'il entende le contrôleur crier.

— *Tickets !* Préparez votre billet, je vous prie.

Au même moment, le wagon eut un soubresaut causé par un aiguillage et les cartes s'envolèrent des mains d'Ehrich dans toutes les directions. Alors qu'on pensait être devant le pire des amateurs, le jeune prestidigitateur saisit une carte au vol.

— Est-ce bien votre carte ?

— Oui, s'étonna l'homme.

— En effet ! firent les deux autres, agréablement surpris.

Ehrich se pencha sous les bancs pour ramasser ses autres cartes au moment précis où le contrôleur arrivait à sa hauteur, pour ne réapparaître que lorsque ce dernier eut fait demi-tour. Il se dit que le coup des cartes qui partent en tous sens avait de l'avenir comme touche finale à une série de numéros. Les trois hommes, qui ne furent pas dupes de son manège, lui offrirent tout de même de s'asseoir à la dernière place libre à leur table. Ehrich battit encore les cartes et les distribua pour un poker. Il donna au premier une main pleine, au deuxième, une suite, et au troisième, quatre rois. Quant à lui, il se réserva quatre as !

D'autres passagers se joignirent au groupe pour voir le jeune magicien s'exécuter.

— Maintenant, je vais vous faire un tour tout simple : un château de cartes.

Il monta rapidement deux étages sur la table devant lui.

— Bien sûr, nous pouvons tous monter un château de cartes, même dans un train en marche... Mais pour qui ces cartes deviennent-elles un château ?

Ehrich prit à témoin un enfant de dix ans et enleva une carte de la base.

— Dis-moi ce qu'il y a à l'intérieur.

— Une souris pas blanche ! fit l'enfant, tout excité.

Dans son agitation, l'enfant accrocha les cartes et le château s'écroula, révélant Tina, la souris mauve du magicien.

Une femme cria à la vue du petit rongeur, tandis que les autres spectateurs applaudirent. Ehrich ramassa ses cartes et sa souris puis tendit sa casquette à la ronde.

— Bonnes gens, si vous voulez bien faire disparaître quelques pièces de monnaie dans ma casquette et contribuer à ma carrière...

Rares furent ceux qui contribuèrent, mais ces derniers eurent la surprise de voir Tina sur le dos dans le fond de la casquette émettre un petit couinement chaque fois qu'une pièce lui touchait le ventre.

Les passagers étant à peine plus riches que lui, Ehrich récolta très exactement douze cents. Voilà ce que lui rapporta son premier spectacle payant. Cela démarre une carrière en trombe! C'était la première fois qu'Ehrich se produisait devant des étrangers et les gens avaient aimé… Inutile de chercher un autre métier! Il avait encore des tours qu'il n'avait pas présentés, comme la pièce que l'on sort derrière l'oreille d'un spectateur, mais dans ce numéro, le magicien *donne* la pièce au spectateur, ce qu'il n'avait pas encore les moyens de faire.

Le jeune magicien se choisit un banc où il était seul et s'installa pour la durée du voyage, admirant le paysage par les grandes vitres du compartiment. Il n'y avait rien d'autre à faire avant l'arrivée à New York le lendemain.

2
L'arrivée à New York

— *Tickets !* Préparez votre billet !

— Si tu as une place où te cacher, c'est le temps, lui dit l'un des hommes qui l'avaient invité à faire son tour de magie. On arrive à New York et les contrôleurs attendent à la sortie de chaque wagon.

— Merci, monsieur.

Ehrich retourna dans son wagon de marchandises et dans la malle qui l'avait si bien servi. Dès qu'il sortit du wagon des passagers, il sentit le froid vif et le blizzard qui menaçaient de le faire tomber sur les rails. Il s'agrippa au fer forgé glacé et glissa sur une petite saillie du wagon qu'il tentait de regagner. Il eut de la difficulté à ouvrir la grande porte coulissante, ce qu'il réussit tout de même à faire alors que le train passait la rivière Hudson sur un pont ferroviaire. Ehrich n'avait peur ni des hauteurs, ni du vide, ni de l'eau, mais il avait tout de même hâte d'être à l'abri du froid mordant. Deux minutes plus tard, alors qu'il venait tout juste de regagner sa malle, il sentit le train ralentir à son arrivée en gare. Il se concentrait pour ne pas grelotter afin d'éviter d'éveiller les soupçons des bagagistes. A-t-on déjà entendu une malle claquer des dents ?

☆ ☆ ☆

Robert Silverman se sentait mal. Il avait le mal de mer depuis son départ de Marseille, quelques semaines plus tôt. C'était comme passer des jours interminables assis dans une chaise berçante géante. Aux nausées, aux vomissements et à l'état lamentable de son corps frêle s'ajoutait maintenant l'effet du froid. Et pour le plus grand malheur du pauvre homme, l'équipage avait prévenu les passagers qu'un retard de quelques jours était possible.

Le bateau à bord duquel Robert Silverman avait pris place s'appelait fièrement le *Lion de mer,* probablement en raison du rugissement de ses moteurs. Il y avait essentiellement deux classes de passagers sur ce bateau : les premières classes qui voyageaient sur les niveaux supérieurs dans des cabines familiales ou individuelles, et les deuxièmes classes qui voyageaient dans la cale du bateau, dans des salles communes, juste à côté de la salle des machines où il faisait très chaud. On parlait des « deuxièmes classes » à laquelle Silverman appartenait, plutôt que des « dernières classes », ce qui aurait été trop évocateur quant à la qualité des personnes elles-mêmes. De plus, cela aurait pu décourager des premières classes à monter à bord. Mais Silverman savait bien que si ces dernières payaient leur place plus de dix fois le prix de la couchette de fond de cale, c'était pour que les deuxièmes classes soient gardées hors de vue de ces passagers plus riches voyageant au-dessus de leurs têtes.

Ces milliers d'immigrants à bord du *Lion de mer,* qui fuyaient l'oppression, la famine ou tout simplement la pauvreté, convergeaient vers le Nouveau Monde, vers la possibilité d'une vie meilleure et la perspective d'accéder à la richesse.

Au pied de la statue de la Liberté il était écrit :

« Donne-moi tes exténués, tes pauvres
Ces foules qui aspirent à vivre libres
Le rebut de tes rivages surpeuplés
Envoie-moi tes déshérités, que la tempête me les apporte
De ma lumière, j'éclaire la porte d'or ! »

Bon nombre des déshérités en question avaient pris ce poème d'Emma Lazarus au pied de la lettre bien avant de voir la grande statue.

À sa manière, le rabbin Weiss avait écrit à son ami Robert Silverman : « L'Amérique n'est pas la terre promise ; c'est la terre de toutes les promesses, les promesses tenues et les promesses non tenues. »

Monsieur Silverman ne nageait ni dans la pauvreté ni dans la richesse comme semblait le croire le rabbin Weiss. Il transportait la moitié de sa fortune dans sa ceinture, les billets pliés très serrés et si bien dissimulés qu'il était impossible d'y accéder sans couper la ceinture. Rien à voir avec ces «retient-culottes» qui ont l'air de portefeuilles. En homme avisé, il avait distribué son magot en différents endroits. L'autre grande partie de sa fortune se trouvait dans le double fond du baril de cornichons qu'il transportait et qui, pour cause, ne le quittait jamais. Par ailleurs, il conservait dans un gros portefeuille, impossible à perdre et difficile à voler sans se faire prendre, assez de liquidités pour se rendre jusqu'à Appleton. Ehrich Weiss, le fils de son ami, devait le rencontrer à la sortie de la douane et l'emmener chez son père où il vivrait en attendant de s'acheter une maison.

À Budapest, monsieur Silverman était bijoutier. Il aurait pu poursuivre sa routine jusqu'à la mort, mais un besoin irrésistible le poussait à aller de l'avant. Ce besoin avait été en partie créé par l'intolérance de la vieille Europe envers les Juifs, intolérance aussi vieille que son peuple. Il aurait également pu simplement déménager son atelier et ses richesses à New York pour y exercer un métier qu'il connaissait déjà si bien. Mais New York était devenue en peu de temps la capitale des bijoutiers juifs. Et

Budapest était déjà assez dure ; il ne voulait pas vivre à New York, que l'on décrivait comme une ville de violence et de désordre. Silverman cherchait plutôt un territoire encore vierge de concurrence. Il s'était dit : « Robert, que pourrais-tu inventer qui ferait le bonheur de tous les foyers américains ? »

Il n'avait rien inventé. Par contre, il avait apporté avec lui quelque chose que les Juifs hongrois et polonais connaissaient bien et qui était à peu près inconnu hors de ces communautés : les cornichons. Il suffirait que la moitié des foyers américains achètent un petit pot de cornichons tous les mois pour qu'il devienne riche, vraiment très riche, même selon ses propres critères. Silverman voulait produire à grande échelle ce condiment et le faire adopter par les Américains qui ne connaissaient pas encore la délicatesse d'un cornichon croquant vinaigré juste à point, au goût relevé par un savant mélange d'épices dont il avait consigné le secret dans une recette qui se trouvait dans une poche de sa veste. Le baril qu'il transportait n'était qu'un échantillon – il fallait bien qu'il fasse goûter son produit s'il voulait devenir le roi des cornichons ! Mais le vrai trésor était la recette…

Quelques minutes sur le pont à respirer l'air du large lui faisaient habituellement le plus grand bien. Mais il avait failli échapper son précieux baril dès qu'il avait mis le nez au vent : quelle rafale ! Il n'avait rempli ses poumons qu'une seule fois puis était redescendu en fond de cale, au cœur des odeurs qu'une foule de personnes confinées dans un espace réduit peut générer : un mélange de sueur et d'urine, avec un soupçon de vomissures de bébé. Robert Silverman ajoutait sa touche personnelle à ce parfum de misère : l'odeur aigre du vinaigre dans lequel baignaient ses cornichons.

☆ ☆ ☆

Madame Strobozski avait pris place à bord du navire avec ses six enfants, six petits garçons qui deviendraient, espérait-elle, six hommes forts et travaillants qui fonderaient une famille en terre d'Amérique. Le plus jeune, Vaclav, dormait encore. On devait fêter ce jour-là ses deux années de pauvre existence, mais madame Strobozski n'était pas pressée de le réveiller. Elle voyait d'un œil positif que son bébé dorme une grande partie de sa petite vie, sachant bien que ce ne serait pas le cas lorsqu'il deviendrait un homme.

— Allez, Vaclav, réveille-toi, dit-elle finalement. C'est ton anniversaire aujourd'hui. Tu as deux ans !

Vaclav ne bougea pas. Il n'émit aucun son non plus, pas même ce petit grognement qui signifiait normalement qu'il ne voulait pas se faire réveiller. Il aurait dû être heureux de fêter son deuxième anniversaire, même si la pauvreté de sa mère et surtout l'absence de son père lui assuraient qu'il n'aurait aucun cadeau d'anniversaire. Mais toute la journée son entourage ferait attention à lui et le traiterait un peu comme un roi, plutôt que comme un enfant ordinaire au sein d'une famille polonaise tout aussi ordinaire. Il ne serait pas que *le dernier,* aujourd'hui. Il serait *Vaclav le fêté* et on lui souhaiterait un joyeux anniversaire. Le jeune garçon avait donc toutes les raisons de se réveiller dans la bonne humeur. Mais il ne bougeait toujours pas.

Madame Strobozski demanda au médecin de bord d'examiner son enfant. Le bon médecin payait son passage en première classe en exerçant sa profession auprès des autres passagers. Un navire transportant des émigrants de la sorte devait avoir à son bord un médecin qui prodiguait des soins gratuitement. Non seulement les deuxièmes classes seraient incapables de payer pour ses services, mais le fait de ne pas faire diagnostiquer un malaise pourrait mettre en danger la vie de tous les passagers s'il devait s'agir d'une maladie contagieuse. Au rythme auquel arrivaient les navires, l'Amérique ne manquerait pas de médecins pour les prochaines années.

Le docteur Labonté examina le petit Vaclav. Il était mort.

Madame Strobozski avait maintenant cinq enfants.

Le *Lion de mer* n'avait aucun endroit où garder les cadavres en attendant de pouvoir les enterrer. L'équipage confiait donc à la mer le passager sur dix qui ne survivait pas au voyage. C'était déjà mieux que le taux de mortalité lié aux négriers, ces navires qui transportaient des Africains pour en faire des esclaves américains il n'y avait pas si longtemps.

Bien sûr, les immigrants avaient de meilleures conditions de vie que les esclaves, qui avaient gagné leur liberté une trentaine d'années plus tôt. Mais à bord d'un navire aussi surchargé que le *Lion de mer*, on ne pouvait faire autrement. L'équipage était d'ailleurs habitué aux cérémonies funéraires vite expédiées. Une prière et on balançait le corps à la mer. En cette journée de blizzard, la prière fut particulièrement courte. Vaclav Strobozski n'avait jamais atteint ses deux ans. Vaclav Strobozski n'avait jamais atteint l'Amérique.

3
La Chinoise aux yeux verts

Ping Li finissait son quart de travail ; elle travaillait de nuit dans une blanchisserie. L'invention du quart de nuit était toute récente et permettait au patron de Ping de dire à ses clients : « Ce sera prêt demain ! » Ping aimait travailler la nuit pour différentes raisons. Cela lui permettait de travailler avec sa sœur Fang, sa seule famille en Amérique. Aussi, puisque le patron dormait la nuit, les deux sœurs pouvaient donc rire et s'amuser sans se faire réprimander.

Ping devait, entre autres tâches, inspecter les poches des vêtements pour s'assurer qu'aucun objet ne s'y trouvait qui pourrait saboter le travail, comme du papier ou bien des articles en métal pouvant endommager les machines. Elle devait mettre tous les objets trouvés dans un pot, propriété de son patron, mais elle gardait pour elle-même tout ce qui avait de la valeur à ses yeux : des pièces de monnaie (ordinairement des pièces de un cent), et aussi des boutons excentriques dont elle faisait la collection.

Son manteau arborait d'ailleurs un gros bouton bleu ciel, un doré, un argent, un rouge et un jaune moutarde, tous de formes différentes. Et ce résultat coloré lui plaisait beaucoup.

À voir tous les trésors oubliés dans les poches des clients, Ping avait eu l'idée de fouiller dans les poches des passants. Une partie de l'art des pickpockets résidait dans leur capacité de passer inaperçus, ce qui était fort difficile pour Ping. Non seulement était-elle jolie, mais elle paraissait plus jeune que ses dix-sept ans. Elle plaisait donc aux jeunes hommes comme aux garçons. Mais ce qui frappait le plus chez elle, c'étaient ses yeux verts, d'un vert émeraude pur. Elle était assurément la seule Chinoise aux yeux verts de New York. Malgré son physique avantageux qui lui nuisait dans ses activités de pickpocket, elle avait réussi à développer une certaine habileté en la matière. Nombre de ses victimes n'avaient vu qu'une jolie fille passer, sans se douter que le portefeuille qui avait disparu de leur manteau était maintenant dans ses poches à elle.

En ce matin du 12 mars 1888, un froid horrible régnait sur toute la côte est de l'Amérique, comme si l'hiver ne voulait pas lâcher prise. Ayant quitté le ghetto pour quelques heures, Ping était allée se promener dans les beaux quartiers. Aucune connotation ethnique n'était encore rattachée au ghetto en question, mais il se définissait comme une zone de pauvreté et de délabrement, aussi bien des gens que des bâtiments. Située sur les pourtours des quais où vivaient la racaille, les laissés-pour-compte du Nouveau Monde et ceux qui n'avaient pas encore trouvé une place honorable, cette zone se trouvait exactement là où les riches ne voulaient pas vivre, ne serait-ce qu'à cause de l'odeur de misère qui imprégnait toute chose et toute personne.

Ping déambulait près de la gare d'où partaient les carrosses des bourgeois en route vers leur demeure cossue. Les passagers s'installaient bien à l'abri à l'intérieur des véhicules tandis que leurs bagages étaient attachés à l'arrière. La jeune Chinoise se mit à rêver à la vie facile des gens riches, qui possédaient des domestiques et qui ne connaissaient ni le froid ni la faim. Pourrait-elle devenir domestique? Cela améliorerait certainement ses conditions de vie. En ce moment, elle serait dans le carrosse stationné là et non sur le coin de la rue à attendre le passant à délester.

Une des malles attachées à l'arrière du carrosse qu'elle observait avec envie depuis un moment bougea. Les courroies qui assuraient sa stabilité venaient de sauter. Le bagage s'ouvrit grand, et un garçon en sortit. Ping ignorait que quelqu'un pouvait voyager dans ces conditions. Après avoir enfilé un long manteau par-dessus son chandail rouge, le jeune homme s'empara de la petite valise qu'il avait déposée sur le côté de la route. Une victime potentielle ? Ça valait la peine d'essayer. Ping se dirigea vers l'inconnu, qui avait remarqué cette jeune fille aux traits exotiques et avait décidé de lui demander son chemin.

— Pardon, madame... Où puis-je trouver le port ?

Il l'avait appelée « madame ». Ping en était toute retournée. Qu'est-ce que quelqu'un comme lui pouvait bien vouloir faire au port ? Elle lui indiqua la route à suivre de la main gauche pendant qu'elle fouillait dans ses poches de la main droite. Elle n'avait jamais exploré de poches aussi profondes.

— Aïe !

Quelque chose avait piqué son doigt, qu'elle s'empressa de porter à sa bouche pour en arrêter le saignement. Elle vit avec horreur une souris sortir la tête de la poche qu'elle avait fouillée. La petite bête avait une drôle de couleur. La surprise priva Ping de son instinct de fuite et Ehrich en profita pour la saisir par le bras.

— Bravo, Tina ! Nous avons attrapé une voleuse. Qu'est-ce qu'on en fait maintenant ?

Ping s'était fait pincer.

— Ne me livrez pas à la police, s'il vous plaît, monsieur !

Ce fut au tour d'Ehrich de se sentir flatté. Se faire appeler «monsieur», lui qui n'avait que quatorze ans!

— Et pourquoi ne le ferais-je pas? Ce n'est pas ce qui est convenu de faire en pareil cas?

— Vous n'avez rien perdu!

— Parce que Tina, ma souris, veillait sur le contenu de mes poches.

— Ne me remettez pas aux policiers, ils sont méchants!

— C'est leur travail d'être méchants avec les gamines qui volent les passants, afin de leur couper l'envie de recommencer.

— Ne me dénoncez pas à la police et je ferai tout ce que vous voudrez…

— Tout?

Ping était embêtée. Est-ce que le jeune homme, qui paraissait de bonne famille, allait profiter de la situation pour obtenir des faveurs qu'elle n'était pas prête à offrir? Étant donné qu'il était sorti d'une malle, peut-être n'était-il pas lui-même d'une honnêteté irréprochable… Ehrich aussi réfléchissait. En quoi cette voleuse maladroite pourrait-elle lui servir?

— J'ai besoin d'un guide car je ne connais pas très bien la ville.

En fait, il ne connaissait pas du tout la grande ville. Il était arrivé en Amérique avec ses parents l'année précédente et s'était contenté de suivre son père qu'il ne voulait surtout pas perdre de vue. Sa mère fermait la marche ; les enfants n'étaient pas sortis de cette zone de sécurité formée des deux parents. Ehrich entraîna donc Ping dans la direction qu'elle avait indiquée. Il trouvait difficile de tenir fermement la jeune Chinoise tout en marchant à ses côtés et il cherchait une autre façon de procéder. Pouvait-il lui faire confiance ?

— Je m'appelle Ehrich Weiss. Et toi ?

— Ping Li, avoua-t-elle sans réfléchir.

Aurait-elle dû lui donner un faux nom ? Cela importait peu. Il avait moins de chance de la retrouver par son nom qu'en disant qu'il cherchait la Chinoise aux yeux verts.

Ils longèrent le grand Central Park et descendirent vers le sud de Manhattan.

Ehrich aurait pu se guider par son nez. Il y avait bien sûr l'odeur de la mer, du vent du large qui aurait dû balayer la puanteur des égouts et des déchets laissés en pleine rue où fouillaient les rats et les enfants. Les effluves plus agréables d'un repas en préparation ou d'une épicerie offrant ses produits en étalage perçaient parfois. Par contre, les senteurs de boucheries et de lait caillé coupaient l'appétit. Le manque d'hygiène planait par-dessus la masse humaine. Heureusement qu'Ehrich apprivoisait New York par une journée froide et venteuse ; les odeurs auraient été bien plus fortes un jour de grande chaleur.

— Si je cesse de te retenir, vas-tu te sauver ? demanda le magicien à sa prisonnière.

— Oui ! répondit-elle honnêtement.

Après coup, elle se dit qu'elle aurait dû répondre « non » et se sauver. Mais sa réponse avait fait bonne impression sur le magicien, qui décida de lui faire confiance. Ping ne se sauva pas, mais elle mit entre elle et Ehrich la distance suffisante pour le faire. Le garçon chercha à faire la conversation.

— Y a-t-il longtemps que tu habites New York ?

— Depuis que je suis arrivée.

— Et tu es arrivée quand ?

Elle eut envie de répondre « hier », mais préféra garder le silence. Ehrich poursuivit son interrogatoire.

— Tu es Chinoise ?

— Depuis que je suis née.

Elle n'avait pas résisté à la tentation de lancer cette réponse sarcastique car l'eau était en vue. Le jeune homme prit congé de sa guide.

— Je te remercie de m'avoir si bien guidé et je ne...

Mais Ping avait disparu.

4
Gras comme un voleur

Ehrich longea les quais à la recherche de la capitainerie, du bureau d'enregistrement des bateaux ou de toute personne pouvant lui indiquer si le *Lion de mer* était arrivé à bon port.

Il y avait un grand nombre de navires et de marins, de débardeurs également, ces ouvriers qui vidaient les navires de leur contenu et les remplissaient de nouvelles marchandises. Les travailleurs de la mer, qui ne voguaient jamais, étaient reconnaissables à leur tricot sans col et sans manches, et qui mettait en valeur des muscles qu'Ehrich n'aurait jamais. Il comprenait qu'il ne gagnerait jamais sa vie à la sueur de son front même s'il était en grande forme physique en raison de son gabarit modeste.

Il trouva enfin un petit édifice meublé sommairement de quelques chaises et d'une table, d'un comptoir et, surtout, d'un poêle à bois qui ronflait de chaleur. Ehrich fit une pause près du poêle, sans doute un peu trop longue pour l'homme derrière le comptoir. L'inconnu aurait pu être un de ceux qui déchargeaient les navires car il en avait la stature : grand et fort, avec des mains aussi larges que des assiettes. Pourtant, deux détails incongrus frappaient chez sa personne : des lunettes pendaient au bout de son gros nez, et une de ses énormes mains tenait un minuscule crayon. En fait, le crayon n'était minuscule qu'en comparaison de la main qui le tenait.

— Hé toi, le petit morveux ! Qu'est-ce que tu fiches ?

— Je cherche un bateau, répondit Ehrich sans se laisser démonter par la voix tonitruante de celui qui l'interpellait.

— Des bateaux ? Dans un port, ce n'est pas ça qui manque ! Tu en cherches un en particulier ? Si c'est pour t'engager, oublie ça. Tu n'es pas assez fort.

Il regardait Ehrich avec un sourire dédaigneux, le méprisant en raison de son corps aussi petit que juvénile.

— Je cherche le *Lion de mer*, s'imposa le jeune homme avec un air d'autorité. Est-il arrivé ?

L'homme, visiblement agacé, fouilla dans ses livres en grommelant.

— Non. Il n'est pas arrivé.

Il retourna à ses affaires sans un mot de plus.

Ehrich était bien embêté. Il n'avait pas prévu le coup. Ses parents l'avaient choisi plutôt que son frère Théodore pour cette mission à cause de sa débrouillardise, ce qu'ils s'étaient cependant bien gardés de révéler à leurs enfants pour ne pas gonfler de trop la confiance de l'un au détriment des autres.

Oui, Ehrich était bien embêté et de savoir que Théodore l'aurait été encore plus ne l'aidait en rien.

— Vous ne connaissez pas un endroit où je pourrais dormir ? demanda Ehrich.

— Non, répondit l'autre sans rien ajouter.

Dans sa situation désespérée, Ehrich aurait pris même un conseil superflu, ce dont les adultes l'affublaient régulièrement. On ne sait jamais… Cela aurait pu le conduire à trouver lui-même une bonne idée. Il s'approcha du poêle et examina les murs couverts de cartes géographiques. C'est alors qu'il remarqua un garçon de son âge, bien que beaucoup plus gros, qui regardait avec attention une carte de la ville. Ehrich croisa le regard du jeune homme dans le reflet d'une fenêtre.

— Moi, c'est Edouardo, se présenta celui-ci en se retournant.

— Bonjour !

Le jeune Weiss était heureux de ce premier contact cordial avec un New-Yorkais. Il lui tendit la main :

— Je m'appelle Ehrich. Connaissez-vous un endroit pas trop cher où je pourrais dormir ce soir ? J'attends un passager du *Lion de mer* qui est en retard.

— Les bateaux arrivent souvent en retard...
confirma le gros garçon.

— Ainsi, vous pourriez peut-être m'aider ?

— À trouver le gîte ? Oui. Il fait vachement
froid, n'est-ce pas ?

— Vachement, en effet.

Les deux jeunes hommes profitaient de la
chaleur du poêle et voulaient reporter le plus
longtemps possible le moment où ils devraient
sortir. Edouardo reprit :

— Et sur combien de... moyens pouvez-vous
compter ?

— Très peu, à vrai dire, car j'aurais aimé
reprendre le train aujourd'hui même pour
Milwaukee et ensuite pour Appleton.

Edouardo n'avait encore jamais rencontré
quelqu'un qui était arrivé à New York par les
terres. Si lui partait d'ici un jour, il n'y revien-
drait sûrement pas, à moins de posséder une
demeure dans la Cinquième Avenue. Mais il ne
se rendrait plus jamais ni au port ni aux bas
quartiers, ce qu'il avait entendu nommé *l'autre
monde* par des gens qu'il avait croisés au cours
d'une très longue promenade qui l'avait mené
dans les luxueux quartiers. Que faisait-il ce
jour-là si loin de chez lui ? Il recherchait des
possibilités de cambriolage, bien sûr. Car
Edouardo était voleur de métier ; mais son
embonpoint l'avait forcé à réduire un peu ses
activités.

D'ordinaire, le voleur pénétrait de nuit dans les lieux en brisant une vitre, le plus souvent une vitre de soupirail. Parfois, ces petites fenêtres étaient fermées par des barreaux et le cadre de bois s'arrachait aisément. Edouardo cambriolait des commerces dont le propriétaire habitait parfois à l'étage. Il fallait agir rapidement, sans faire de bruit, et ne pas avoir peur. Car la peur pouvait faire commettre des erreurs.

Edouardo aimait bien travailler avec son père qui cambriolait aussi des épiceries et d'autres magasins d'alimentation. Son père avait migré en Amérique pour fuir la famine en Irlande. Sa devise était : « Un pain volé est un pain qu'on n'a pas besoin d'acheter. » De temps en temps, le père et le fils O'Brian trouvaient du beurre et, s'ils étaient vraiment chanceux, ils pouvaient même dénicher de la confiture.

Le dernier cambriolage s'était mal terminé pour Edouardo. Il était resté coincé dans la fenêtre et le commerçant avait ameuté le quartier :

— Regardez, bonnes gens ! Pendant que les honnêtes personnes dorment, les voleurs vivent grassement à nos dépens. Celui-là est devenu tellement gros qu'il ne passe plus par la fenêtre ! Nous allons l'envoyer en prison quelques années afin qu'il apprenne le sens du mot « travail » et qu'il maigrisse.

Heureusement, le juge avait prononcé une sentence moins sévère que celle espérée par le commerçant. Mais les quelques jours passés en compagnie des pires malfrats de New York, dont certains qu'il connaissait bien, lui avaient enlevé le goût de voler. À sa sortie de prison, son père avait disparu. Edouardo O'Brian subsistait par ses propres moyens depuis ce temps.

Il avait tenté de se faire engager dans les usines de textile mais, là encore, il était trop gros pour faire le travail des enfants. Ceux-ci étaient appréciés parce que leurs bras minces leur permettaient de passer entre les rouages des machines pour les décoincer. Parfois, les machines broyaient les bras, et les enfants se retrouvaient au chômage. Ils ne touchaient aucune indemnité. On les voyait mendier aux coins des rues.

Edouardo avait plutôt été embauché comme contremaître; le patron espérait que la présence d'un gros garçon favoriserait la discipline dans la manufacture. Mais Edouardo était bon et la bonté n'était pas une qualité appréciée par les patrons. Il avait été licencié et, depuis, il se tournait les pouces.

Son cas était désespéré pour plusieurs raisons. Il ne faisait pas assez pitié pour pouvoir mendier. Il n'était pas assez gros pour faire peur. Il n'était pas assez fort pour espérer devenir débardeur dans un avenir rapproché. En attendant, il travaillait pour Bull, comme la plupart des gens de son quartier.

— Vous voulez aller prendre un verre ?

— Un verre ? répondit Ehrich, qui ne connaissait même pas ce langage. Une limonade serait bien appréciée.

— Je parlais plutôt d'un verre d'ale ! Il y a un endroit non loin d'ici où l'on me connaît bien et qui…

— Je n'ai que quatorze ans ! coupa le sage fils de rabbin qu'il était.

— Ça alors, moi aussi ! rétorqua Edouardo en lui tendant la main de nouveau.

Le timbre de sa voix était partie dans les aigus, à cause de sa mue imparfaite, ce qu'il détestait profondément. Le garçon s'était emporté parce qu'il ne pouvait lui-même pas soutenir l'alcool, mais Bull lui avait dit une fois qu'il devait toujours entamer une relation d'affaires autour d'un verre, question d'apprendre à connaître celui à qui l'on s'adresse. Le fait que ce nouveau venu n'en voulait pas – en plus d'avoir quatorze ans, comme lui – le rendait extrêmement sympathique à ses yeux.

— Je vais te faire connaître Bull et ensuite nous irons chez Big Mamma. Il y a toujours de la place chez Big Mamma.

Edouardo était content de connaître quelqu'un de son âge qui arrivait de l'intérieur du continent. Il se sentait coincé entre la fin de l'enfance et le lointain âge adulte. Connaître enfin un garçon de son âge qui avait une expérience différente de la sienne le rendait très heureux. Son nouvel ami et lui délaissèrent la chaleur du poêle et partirent d'un même pas vers la ville.

Tout en criant pour couvrir le bruit du vent, Edouardo faisait faire une visite guidée des lieux marquants de sa vie à Ehrich :

— Regarde ! C'est là que je suis né... Ensuite, j'ai habité cette maison, au premier puis au deuxième... Là, j'ai reçu ma première raclée... Ici, c'est la cour d'école où je jouais avec mes amis quand j'étais petit... euh... je devrais dire plus jeune...

Edouardo ne se rendait pas compte que toute sa jeune vie s'était déroulée sur quelques pâtés de maison. Son nouvel ami avait parcouru une plus grande distance en ce jour même que lui depuis sa naissance. En bon touriste, Ehrich découvrait un monde dont il n'avait jamais soupçonné l'existence : de jeunes enfants mal habillés malgré le froid, qui fumaient des cigarettes et buvaient de l'alcool sous les portiques. Ils parlaient mal, crachaient, juraient, criaient et s'insultaient sans retenue, mais ne jouaient pas. À cause du froid, les rues étaient plutôt désertes.

Les deux compagnons se dirigèrent vers un édifice de trois étages moins délabré que les autres. Deux colonnes supportaient un balcon où se tenait un garde immobile dans la tempête. Il fit à Edouardo un signe imperceptible pour Ehrich. Les nouveaux venus entrèrent sans échanger un mot.

Edouardo et Ehrich montèrent un grand escalier qui occupait à lui seul presque tout le hall d'entrée. On aurait pu s'attendre à voir descendre de cet escalier majestueux des rois et des reines, des princes et des princesses, ou plus simplement des jeunes mariés au plus beau jour de leur vie. Aujourd'hui, deux simples gamins grimpaient les marches pour obtenir audience auprès du patron du quartier, celui qui, malgré ses seize ans, contrôlait les commerces de l'alcool, du tabac, du jeu et des prêts usuraires. Les deux garçons arrivèrent à l'appartement 101 essoufflés et, de plus, Edouardo était en nage. Ils franchirent la porte ouverte pour se présenter à Bull, assis derrière son grand bureau. Sitôt entrés, Edouardo et Ehrich furent encadrés par deux jeunes, grands et costauds.

— Entrez mes bons amis ! N'ayez pas peur de mes chiens de garde. Ils ne mordent pas. Ils n'aboient même pas !

Le patron, un garçon athlétique et blond, était trop beau pour faire vraiment peur mais sérieux comme un vieux qui tente d'impressionner. Il ouvrit la bouche pour pérorer un peu et faire savoir qui était le maître en ces lieux, mais il se fit doubler :

— Je m'appelle Ehrich Weiss. Je ne suis que de passage dans votre belle grande ville.

Edouardo était mal à l'aise devant la bévue d'Ehrich, qui n'avait pas attendu qu'on s'adresse à lui avant de parler. Bull ne semblait pas dérangé outre mesure par cet écart de conduite. Il reprit :

— Weiss, c'est de quelle origine ?

— J'arrive du Wisconsin, répondit Ehrich.

Son père l'avait prévenu que le fait d'être Juif n'était pas bien perçu dans la plupart des milieux et qu'il valait mieux ne pas divulguer son origine à n'importe qui.

— Alors, monsieur Weiss, que venez-vous faire sur mon territoire ? s'informa Bull.

Il avait utilisé le mot « monsieur » par pure ironie. Il s'attribuait clairement des droits sur le territoire, donc sur les personnes qui y circulaient.

— J'attends l'arrivée du *Lion de mer* pour rencontrer un ami de mon père qui vient de la Hongrie, mon pays natal.

— Donc, nous avons ici un visiteur du Wisconsin, né en Hongrie. À quoi ce fier jeune homme pourrait-il nous servir ? J'imagine, mon petit Edouardo, que tu lui as déjà offert nos services habituels ?

Celui-ci, qui avait l'occasion de parler pour la première fois, se mit à bafouiller. Ehrich en profita pour sortir son jeu de cartes.

— Veuillez choisir une carte, s'il vous plaît, monsieur Bull.

Bull hésita un moment, puis fit signe à un acolyte qui pigea dans le paquet. Il montra la carte à son patron puis la remit dans le paquet. Ehrich battit les cartes avec une dextérité hors du commun qui épata son public.

— Veuillez en choisir une nouvelle.

Il s'adressait à Bull, mais tendit le paquet au garde.

— C'est la même!

Bull intervint :

— Vous avez un paquet truqué. Toutes les cartes sont pareilles!

Ehrich retourna le paquet pour montrer que toutes les cartes étaient différentes. Bull était saisi, lui dont le pouvoir provenait en bonne partie de l'impression durable qu'il laissait, soit l'image de quelqu'un de dangereux qui pouvait tout de même bien traiter ses invités.

— Serais-tu capable de réussir ton numéro une autre fois?

Ehrich tendit le paquet au garde qui choisit la deuxième carte sur le dessus du paquet. Il la montra à Bull. Encore le roi de cœur!

— Normalement, je perçois vingt-cinq cents par semaine pour un séjour prolongé sur mon territoire, dit-il en tapotant un coffre sur son bureau, un beau coffre sculpté dans un bois précieux qui devait contenir une petite fortune en

41

monnaie. Cette taxe servira à payer ta protection, car, dans nos quartiers, il y a malheureusement quelques individus qui ne connaissent pas le respect. Si l'air de New York est gratuit, respirer ne l'est pas.

— Je ne peux pour l'instant me permettre une telle dépense. Si vous me permettez quand même de parcourir votre territoire, et d'y respirer, je ne porterai pas atteinte à votre prestige en dévoilant votre magnanimité à mon égard.

Edouardo ne savait plus sur quel pied danser. Si Ehrich utilisait des mots qu'il ne saisissait pas, peut-être que Bull ne comprendrait pas ce langage lui non plus. Mais Bull sembla satisfait de la réponse.

— Ainsi soit-il! Si tu cherches un emploi de croupier, il y a toujours de la place pour les gars qui savent manier les cartes comme toi.

— Est-ce que je pourrais…? commença Edouardo de sa petite voix de fausset.

— Oui, mon bon ami. Tu peux utiliser les toilettes de l'étage.

La conversation prit fin dans les politesses et Edouardo put profiter d'une salle de bain chauffée. Non mais, quel cran avait son nouvel ami! Il avait mené la conversation avec Bull, et lui, Edouardo, n'avait demandé qu'à utiliser la salle de bain! Décidément, il l'aimait, ce gars!

5
Chez Big Mamma

Edouardo conduisit d'un pas rapide son nouvel ami vers sa destination car le vent s'intensifiait. Ehrich faisait l'expérience des bourrasques qui s'engouffraient dans une cité et s'accéléraient entre les immeubles. Heureusement que les édifices n'avaient pas plus de cinq étages dans ce quartier, ayant tous été érigés avant la popularisation de l'ascenseur.

Après avoir parcouru trois pâtés de maisons, les deux jeunes arrivèrent à un immeuble beaucoup plus délabré que celui où ils avaient rencontré Bull. Edouardo entraîna Ehrich dans la petite entrée secondaire qui, en fait, était la seule entrée. À l'intérieur, ils prirent le temps de souffler un peu.

Edouardo prit la parole d'une voix saccadée.

— On ne se présente pas chez Big Mamma les mains vides. Il faut nourrir le poêle à bois si l'on veut que la soupe soit chaude. Tu peux laisser tes affaires dans ce coin.

Ehrich était réticent à laisser sa petite valise qui contenait quelques vêtements en plus de son jeu de cartes et de ses autres biens dont il n'aimait pas se séparer. Pour lui, il aurait été beaucoup plus facile de sacrifier ses caleçons plutôt que son livre de magie, dont il relisait quelques pages chaque soir. Mais la cachette d'Edouardo semblait suffisamment sûre pour qu'il se résigne à y laisser ses trésors. Le jeune magicien connaissait le principe d'aller chercher du bois pour le dîner ; cependant, il se demandait bien dans quelle forêt urbaine poussait le bois de chauffage.

Edouardo l'emmena dans une ruelle jusqu'à une grande clôture de bois dont le poêle de Big Mamma avait mangé la plus grande partie. Les deux amis arrachèrent quelques planches, autant qu'ils pouvaient porter, et les ramenèrent à l'édifice en ruine qui servait de refuge aux enfants du quartier. Le refuge proprement dit occupait le deuxième étage d'une ancienne écurie qui sentait encore le cheval.

Une seule très longue volée de marches donnait accès au second étage. Le mur de l'escalier était orné de grands dessins, pas trop mal au demeurant, probablement réalisés par les pensionnaires de Big Mamma. Un dessin représentait une jeune femme blanche à la poitrine abondante et à peine couverte, tenant une épée dans une main et un cierge dans l'autre. Ehrich eut une pensée amusante et demanda à Edouardo :

— C'est un portrait de Big Mamma ?

Edouardo rougit, puis grommela une réponse indéchiffrable. Ehrich se doutait bien qu'une femme se faisant appeler « Big Mamma » ne pouvait avoir cette allure. Ils arrivèrent à une grande porte de métal qu'ils eurent de la difficulté à faire glisser de côté à cause de leurs bras chargés.

— Entrez et fermez la porte ! furent les mots de bienvenue prononcés par une femme noire d'une cinquantaine d'années assez grosse pour supporter une disette d'un mois.

Ehrich remarqua que la femme portait une drôle de marque au visage. Contrairement aux Européens frappés d'une tache de vin rouge sur leur peau blanche, Big Mamma avait la moitié du visage décoloré par une tache de vin blanc. La femme passa la main dans les cheveux roux d'Edouardo pour en faire tomber la neige.

— Qui nous amènes-tu là, mon cher Edouardo ? demanda-t-elle.

— Je m'appelle Ehrich et je viens du Wisconsin.

Ehrich tendit une main que Big Mamma serra avec chaleur dans la sienne, grosse et rugueuse.

— Comment allez-vous, madame ? s'informa Ehrich.

— Comment je vais ? Très bien, je crois. Oui, très bien. Je te remercie de t'en informer.

Véritablement émue de cette simple attention, elle se tourna vers les enfants et ajouta :

— Prenez exemple, mes enfants, sur ce jeune homme poli. Quand vous vous présentez à quelqu'un, prenez de ses nouvelles.

Elle débarrassa les nouveaux venus de leurs brassées de bois et relança le feu en chargeant le poêle. La marmaille se regroupa aussitôt autour du fourneau, le joyau de Big Mamma, les mains tendues pour les réchauffer. Le local mesurait soixante-quinze pieds sur soixante-quinze pour douze pieds de hauteur. Il fallait un local facile à chauffer et de bonne dimension pour que Big Mamma puisse y recueillir toute sa marmaille. Des paillasses étaient alignées le long des murs. Ehrich était surpris de voir des lits d'habitant en plein cœur de la plus grande ville du monde.

Pour fabriquer ces lits, on cousait ensemble des poches de jute trouvées dans les entrepôts de céréales. On y plaçait ensuite de la paille pour le confort. La paille finissait toujours par se comprimer et il fallait la remplacer. Cet étage avait justement été l'endroit où, autrefois, la paille des chevaux était entreposée. Mais comme il n'y avait plus de chevaux depuis quelque temps dans l'écurie, l'approvisionnement en paille avait cessé. Un bon samaritain du Queens qui fournissait des denrées alimentaires provenant de sa ferme apportait également de la paille de temps à autre. Lorsque, trop aplatis, ils ne pouvaient plus servir, les vieux matelas se retrouvaient dans le poêle de Big Mamma.

Edouardo et Ehrich auraient droit à des nouvelles paillasses du côté des garçons. En effet, filles et garçons étaient séparés par l'allée centrale où se trouvaient le poêle, les tables de bois flanquées d'un banc de chaque côté, ainsi que le lit à baldaquin de Big Mamma. La tête du meuble était appuyée contre le mur du fond. Big Mamma n'invitait jamais d'hommes dans son lit, mais parfois de jeunes enfants dont les pleurs empêchaient les autres de trouver le sommeil venaient l'y rejoindre. Il était arrivé que de petits chenapans pleurnichent simplement pour se retrouver dans l'immense lit auprès de cette montagne de tendresse. Cependant, Big Mamma reconnaissait à coup sûr les feintes et les mensonges enfantins.

Personne ne pouvait se vanter de connaître la vraie histoire de Big Mamma. Il était de notoriété publique qu'elle était née esclave en Louisiane. La suite appartenait au folklore et à la légende. Certains disaient qu'après s'être enfuie, elle était devenue une enfant sauvage vivant dans les bois avec les loups et les Indiens, et qu'elle avait fini par aboutir à New York. D'autres disaient qu'elle avait été la jeune maîtresse de son propriétaire avant de migrer au Canada où elle avait fondé sa propre famille. On prétendait même qu'elle était devenue grand-mère très jeune et qu'un terrible incendie à Montréal lui avait tout pris. Cependant, tous s'accordaient pour dire que Big Mamma avait un lourd passé et que sa connaissance intime de la misère lui avait donné un grand cœur. Elle accueillait depuis trois ans les enfants perdus ou orphelins, et tentait de leur apporter un peu de réconfort de même qu'un repas chaque jour, si elle le pouvait.

Des adultes lui apportaient parfois des denrées. Mais certains jours, les provisions manquaient... Big Mamma avait eu les yeux pleins de tristesse la fois où il ne restait plus qu'une poche de cinquante livres d'oignons pour nourrir trente enfants. Juste avant le dîner, un bourgeois avait délégué son jardinier qui était arrivé avec cinquante livres de patates, et la même quantité de navets et de betteraves. Un ragoût sans viande avait figuré au menu.

Big Mamma s'était toujours refusée à faire cuire des rats. D'ailleurs, elle ne tolérait pas la présence de ces rongeurs ; c'est pourquoi quatre chats habitaient son toit. Depuis l'arrivée d'Ehrich, les quatre matous tournaient autour de lui en miaulant. Ils avaient flairé la présence de Tina. Celle-ci se tenait tranquille à l'intérieur du manteau.

Lorsque Big Mamma vit que le nouveau venu avait apporté un livre, elle crut qu'il pourrait faire la lecture aux plus jeunes avant le coucher.

— En fait, il s'agit d'un livre de magie. Car, vous voyez, je suis magicien !

Cette affirmation fut suivie d'un silence admiratif. Edouardo était fort surpris. Il avait côtoyé sans le savoir un magicien ! Ainsi, son tour aux cartes, devant Bull, c'était donc de la magie ?

— Pourrais-tu faire disparaître la misère de la surface de la terre et apporter un peu de bonheur aux plus démunis ? s'enquit Big Mamma comme une prière adressée au ciel.

— Je suis magicien ; je ne suis pas le bon Dieu et je ne peux remplacer ses anges, comme vous.

— Tu pourrais nous faire un spectacle ce soir après le repas ? demanda plus modestement Big Mamma, la voix étranglée par une douce émotion à la pensée de l'image d'ange qu'Ehrich lui avait accolée.

— Avec plaisir, répondit Ehrich, le sourire le plus sincère qui soit aux lèvres.

Il fallait seulement qu'il prenne le temps de penser à des trucs qui feraient rire les enfants et qui ne mettraient pas en scène sa souris, malgré l'insistance des quatre chats qui rôdaient autour.

C'est à ce moment qu'entrèrent Ping et sa sœur Fang, qui avaient l'air complètement abattues. Elles venaient de perdre leur logis d'une seule petite pièce dans un incendie. En plus de la grosse valise qui leur servait de bureau, elles n'avaient pu sauver des flammes qu'un gros sac de riz et quelques choux. Big Mamma consola les deux sœurs avant de préparer pour tous un repas de riz et de chou, additionné de jambon. La recette était toujours très simple : on mettait tout ce qu'on avait à cuire dans un grand chaudron et on le réchauffait. Parfois c'était une soupe, parfois un ragoût. On servait à la louche en brassant bien entre chaque bol pour que tous les enfants aient à peu près les mêmes ingrédients dans les mêmes proportions.

Quand vint le repas, Ehrich mit les morceaux de jambon sur le côté de son assiette, ce qu'Edouardo remarqua.

— Tu n'aimes pas le jambon ? demanda-t-il de sa voix de petit garçon.

— Je n'y ai jamais goûté...

— Tu le réserves pour quelqu'un ?

Ehrich compris l'allusion.

— Il est à toi.

Comment pouvait-on ne pas aimer un aliment qu'on n'avait jamais goûté ? Mais un autre mystère agaçait Edouardo beaucoup plus encore : Ehrich avait salué Ping, la Chinoise aux yeux verts, qui lui avait répondu, visiblement un peu gênée. Comment diable connaissait-il cette jolie et mystérieuse jeune fille ?

Ehrich produisit son spectacle le même soir devant une assemblée disciplinée et ébahie. Les longs silences étaient suivis de « ho ! » et de « ha ! » Le magicien y alla de tours simples, comme le foulard que l'on sort de la bouche ou des oreilles, les bâtons qui s'entrechoquent à deux reprises avec grand fracas alors qu'à la troisième fois ils s'enlacent. Ehrich s'amusa aussi à faire réagir son public en faisant disparaître un verre rempli d'eau en le buvant d'une gorgée... Au troisième verre, alors que les petits croyaient que l'eau avait encore une fois disparu, il lança le liquide sur les premiers rangs. Toujours surprendre ! Voilà le secret ! Les jeunes protégés de Big Mamma l'applaudirent à tout rompre mais Ehrich eut la délicatesse de ne pas passer sa casquette dans l'assistance, se contentant de saluer. Il était la vedette incontestée de ce petit monde.

Ping et Fang vinrent féliciter Ehrich qui eut la bonne idée de leur présenter Edouardo. L'Irlandais ouvrit la bouche et rougit d'une oreille à l'autre, ce qui eut pour effet d'estomper ses taches de rousseur dans une mer de timidité. Il tendit la main à Ping et elle la lui serra... Il l'avait touchée ! Elle l'avait touché !

Les deux sœurs partirent travailler cette nuit-là comme les six autres nuits de la semaine. Pour passer le temps, Ehrich et Edouardo fouillèrent dans le «coffre aux trésors» de Big Mamma, qui renfermait un amoncellement de vieilleries disparates, de vêtements et de chaussures, de bric-à-brac, de bric et de broc. Ehrich y trouva même quelques serrures démontées.

— Si tu es trop gras pour passer par la fenêtre, entre par la porte! lança Ehrich à son ami qui lui avait tout raconté de son passé de voleur.

Ils entreprirent de démonter et d'étudier à fond la mécanique des serrures, laquelle le magicien trouva fort simple et le voleur, fort compliquée. Ils finirent par comprendre qu'on pouvait tromper la serrure avec une simple tige de métal assez souple pour être tordue avec les dents mais assez rigide pour faire bouger le pêne. Comme des magiciens qui pratiquent un tour, les deux jeunes crochetèrent la serrure avec une simple épingle à cheveux jusqu'à être capables de le faire les yeux fermés.

6
Changements de noms

Edouardo renoua brillamment avec le crime cette nuit-là. Il avait crocheté la serrure d'une boulangerie française et avait ramené du pain et des croissants, de même que cinq dollars en petite monnaie. Il était revenu discrètement chez Big Mamma et avait placé son butin à la tête de son lit. Ping et sa sœur étaient rentrées peu de temps après le lever du soleil et chacune avait accepté avec plaisir un croissant.

— Un jour, je vous trouverai de la confiture pour les garnir.

L'idée était intéressante, l'attention, délicate... et la nourriture, succulente. Les deux filles étaient assises avec Edouardo et Ehrich. Les enfants dormaient encore, et Big Mamma profitait de cet instant pour faire sa toilette derrière un rideau où elle avait apporté un récipient d'eau chaude grâce au poêle qui chauffait déjà. La matrone eut la délicatesse de garder un peu d'eau pour les filles qui rafraîchirent leur beauté. Elle se posta de garde d'ailleurs pour que Ping et Fang puissent faire leur toilette en toute intimité.

Au grand bonheur d'Edouardo, Ping revint à la table où Ehrich et lui parlaient de son expédition nocturne. Le silence tomba quand Ping prit place face aux deux jeunes hommes. Elle regardait fixement Edouardo.

— Qu'est-ce qu'il y a ? Tu n'as jamais vu un Irlandais ? demanda-t-il, un peu vexé.

Sa voix avait grimpé dans les aigus, résonnant comme un reliquat de son enfance.

— Bien sûr, répondit Ping, qui se mit ensuite à compter à voix haute : soixante-cinq, soixante-six, soixante-sept...

— Qu'est-ce que tu comptes ?

— Tes taches de rousseur. Mais ne rougis pas, elles seront plus difficiles à compter !

Edouardo ne put évidemment pas s'empêcher de tourner à l'écarlate. Il était fier d'avoir l'attention de la jolie Chinoise, même s'il aurait préféré l'avoir pour une raison plus glorieuse que pour ces maudites taches de rousseur qui lui avaient toujours empoisonné la vie. Elle souriait. Peut-être se moquait-elle gentiment de lui ?

Ping raconta aux deux garçons l'incendie qui les avait jetées à la rue, sa sœur et elle. Heureusement, la blanchisserie où elles travaillaient, située juste à côté de leur immeuble, avait été épargnée par les flammes. Elles n'avaient donc pas perdu leur emploi. Fang, par contre, songeait à abandonner son travail pour migrer au Canada où des gens de leur village natal travaillaient en grand nombre à la construction du chemin de fer. La sœur de Ping avait déjà vingt ans et devait se trouver un mari de toute urgence. Elle entendait se marier et s'engager avec son homme dans la compagnie ferroviaire pour y travailler comme cuisinière.

— Toi, tu resteras ici ? lui demanda Edouardo.

Ping rit. Le gros garçon n'avait jamais entendu un rire si pur, si cristallin. On aurait dit une cascade de joie dévalant les pentes du bonheur. Il n'en fallait pas plus pour qu'il tombe amoureux d'elle.

— Que diriez-vous de trouver un endroit où nous pourrions habiter tous les trois ? proposa Ping.

Alors qu'Ehrich trouvait l'idée amusante, Edouardo ne pouvait simplement s'imaginer rien qui lui ferait plus plaisir.

— Oui… oui… b… bonne idée, bégaya-t-il.

Sa voix était restée basse malgré sa grande excitation.

— Il y aurait une condition cependant, poursuivit Ping.

— Oui ?

Son rêve venait-il déjà de sombrer ?

— Je voudrais que vous m'appeliez Lucy.

— Pourquoi ? C'est joli, Ping.

Edouardo était ragaillardi par la simplicité de l'exigence.

— Ce n'est pas comme moi, poursuivit-il. Edouardo O'Brian : Oh ! oh ! Quelle idée ma mère a eue de me donner ce prénom italien qui finit en « o », alors que mon nom de famille repart aussitôt en « o » !

— Moi, les gens m'appellent *Pink* ou *Pig*, quand ce n'est pas *Pink Pig* ! À partir d'aujourd'hui, je m'appellerai Lucy Lee.

— Et moi, intervint Ehrich, je me ferai dorénavant connaître sous le nom de Harry Houdini.

Les deux autres le regardèrent d'un air dubitatif. Il s'expliqua :

— … en l'honneur du plus grand magicien du monde, clama-t-il en montrant son livre de Robert-Houdin.

— Et Harry ? D'où ça vient ? demanda Edouardo tout en réfléchissant à un nouveau nom pour lui-même.

— C'est plus facile à prononcer qu'Ehrich, et Harry me semble un bon nom pour un magicien. Ça glisse bien avec Houdini… « Harry Houdini. » Dites-le, vous verrez.

— Moi, j'aimerais bien qu'on cesse de m'appeler Edouardo, reprit son ami. Ed serait bien suffisant. Et plutôt qu'O'Brian, je préférerais Ryan, qui est un nom tout aussi irlandais. Mon père m'a abandonné ; je peux donc abandonner son nom sans remords !

— Lucy Lee, dit la jeune Chinoise aux yeux verts.

— Harry Houdini, dit le magicien.

— Ed Ryan, fit enfin Edouardo, ne voulant pas être en reste.

Ainsi les changements de noms des trois amis furent-ils conclus.

☆ ☆ ☆

Ehrich devait retourner au port pour voir si le *Lion de mer* était arrivé. Le bateau n'avait pas accosté et n'était même pas en vue. Ce matin du 13 mars, le blizzard était enfin tombé et la température ressemblait à celle d'un heureux printemps.

Celui qui se nommait Harry à présent prit le temps de goûter cette vie trépidante remplie de couleurs et d'odeurs, dont certaines n'étaient pas très agréables. Il pensa soudain à Tina, sa souris, et la laissa sortir pour la nourrir de quelques miettes de croissant qu'il avait gardées pour elle. La teinture de la petite bête pâlissait ; Harry se fit la réflexion qu'il devrait la rafraîchir bientôt.

Au bureau d'enregistrement des bateaux, il avait pris le temps d'examiner la carte de la ville. Il se dirigea vers la statue de la Liberté. Même de loin, Harry fut impressionné par la statue : 250 tonnes pour près de 300 pieds de hauteur avec son piédestal et plus de 120 pieds sans ce dernier, cette dame imposante avait conquis le cœur des milliers d'immigrants qui l'avaient vue la première fois en foulant le sol du nouveau continent.

Combien de temps faudrait-il au cuivre martelé dont la statue était composée pour se couvrir de vert-de-gris ? Combien de temps fallait-il à un monument pour devenir un symbole ? La statue représentait une femme qui tient dans une main un livre (la Constitution américaine) et dans l'autre une torche (la lumière de la liberté) et qui brise ses chaînes gisant à ses pieds. Mais ce n'était pas parce qu'une femme symbolisait la liberté que les femmes en bénéficiaient pour autant dans la vie ; le droit de vote aux femmes était encore une utopie.

Alors qu'il jonglait avec toutes ces idées et ces paradoxes, trois jeunes malotrus s'approchaient de lui comme trois loups sur une proie, par trois côtés différents, coupant ainsi toute retraite, l'océan étant malgré lui le quatrième complice. Harry regarda les voyous à tour de rôle. Ils avaient entre douze et quinze ans. Visiblement mal nourris, ils jouaient aux durs sans vraiment y croire, donc sans être crédibles.

Harry n'avait pas peur. Il était petit, mais en bonne santé et en bonne forme physique. Au mieux, il pouvait renverser les garçons en leur fonçant dessus ; au pire, il pouvait s'enfuir en courant.

— Donne-nous ton argent, ordonna le plus vieux.

— Non.

— Tu crois qu'on rigole ? Donne-nous ton argent !

— Non !

Harry sentait Tina qui lui parcourait l'échine. Elle voulait participer à la bagarre. Il la laissa se glisser entre ses omoplates et sortir par le col. Elle s'installa sur son épaule droite. Le plus jeune des agresseurs remarqua la souris, mais ne sut trop qu'en penser.

— Tu nous donnes ton argent, sinon on te cogne !

— Je suis Harry Houdini et je suis magicien. Partez, manants, laissez les gens de bonne volonté vaquer à leurs occupations. Je vous l'ai dit ; je suis magicien et je puis vous transformer, comme j'ai transformé cette pauvre Tina qui avait tenté de dérober mon bien.

La souris se hissa sur ses pattes arrière en entendant son nom et ouvrit la bouche comme pour mordre. Le plus jeune des voleurs était sceptique. Le plus vieux, lui, ne semblait guère impressionné.

— Nous n'avons pas de temps à perdre, et bien d'autres gens à détrousser avant le déjeuner.

— Si vous vous attaquez à moi, j'ai bien peur que vous ne déjeuniez pas.

Le jeune Houdini fit un geste ample et deux armes apparurent dans ses mains : un couteau bien affûté et un stylet pointu tout à fait capable de gratter la colonne vertébrale d'un adversaire en passant par son nombril. Les apprentis bandits regardèrent leur victime potentielle d'un œil désabusé, où une lueur de peur filtrait. Ces armes pouvaient s'avérer dangereuses si celui qui les brandissait savait s'en servir. Et le fait que l'individu puisse les faire apparaître sur demande ne présageait rien de bon sur la difficulté à le détrousser. Les trois gredins renoncèrent à leurs intentions malveillantes. Ils rebroussèrent chemin sur un signe du plus vieux et Harry fut libéré de la menace qui pesait sur son porte-monnaie. Il rengaina aussitôt ses armes. Se promener en ville avec une souris sur l'épaule attirait moins l'attention que deux armes tenues en main…

Harry déambula dans les rues de New York, seul dans la foule. Bien qu'il habitât Appleton avec sa famille depuis un an seulement, Harry avait l'impression d'y connaître tout le monde et d'être connu de tous, au moins comme « le fils du rabbin ». À New York, il avait l'impression qu'il resterait à jamais un étranger, et que tous les habitants demeuraient des étrangers les uns pour les autres.

Son regard croisa les yeux bleus d'une jeune femme magnifique. Elle avait les cheveux blonds pudiquement couverts d'un chapeau orné d'un suivez-moi-jeune-homme : deux rubans souples qui tombaient sur la nuque et qui flottaient lorsque cette déesse marchait. Harry avait bien envie de suivre son impérieux désir d'aborder la jeune beauté, mais la foule dense les avait séparés. Il la chercha des yeux, mais ce fut peine perdue.

D'un pas rapide, il retourna finalement chez Big Mamma par le chemin le plus court pour raconter sa promenade à son ami Ed. N'est-ce pas un signe d'amitié infaillible lorsqu'on a hâte de retrouver quelqu'un pour raconter ce qui nous est arrivé de banal et d'extraordinaire ?

7
Police !

À un coin de rue de chez Big Mamma, Harry vit une dizaine de policiers, ce dont il ne se soucia guère. Contrairement aux gamins des bas quartiers de New York, le résidant d'Appleton avait appris que «les policiers sont nos amis». Il ne songeait donc pas à fuir à la vue d'un uniforme. Il voyait bien que les policiers embarquaient dans leur fourgon des enfants de son âge, ou même plus jeunes, mais il poursuivit son chemin sans crainte jusqu'à ce qu'il soit lui aussi intercepté.

— Toi, arrête-toi là et ne bouge pas !

— Je n'ai commis aucun crime ! protesta Harry.

— C'est ce qu'on va voir, riposta le policier.

— Qu'est-ce que ces enfants ont fait pour que vous les arrêtiez ?

— Rien. On les ramène à leurs parents.

Harry savait bien que la plupart de ces enfants n'avaient pas de parents, que les adultes n'appartenaient pas à leur univers, soit parce qu'ils les avaient abandonnés, soit parce qu'ils étaient morts, soit parce qu'ils avaient disparu d'une autre façon.

Les plus jeunes qu'on arrêtait n'avaient pas plus de cinq ans. Sans être violents, les policiers brusquaient les petits sans ménagement. Chacun était fouillé et les policiers faisaient des trouvailles intéressantes : plusieurs gamins étaient armés de couteaux ou de marteaux, et parfois même d'un pied-de-biche.

On aurait pu croire que les affrontements de *l'autre monde* dégénéraient toujours en batailles sanglantes. Au contraire, les belligérants s'arrêtaient avant les coups pour que l'autre ne sorte pas une arme qu'on savait bien présente, mais dont la nature exacte était inconnue. L'ennemi disposait-il d'un couteau ou d'une barre de métal ?

Seuls les vieux, ou les jeunes puissants comme Bull, avaient des pistolets. Les armes à feu constituaient le summum de la terreur, mais étaient rarement utilisées. Le fait de pouvoir tuer d'une simple pression du doigt sur la gâchette plaçait le propriétaire d'un tel objet bien au-delà de la masse des mortels.

Harry s'inquiétait de ce que les policiers trouveraient en le fouillant. Son couteau pouvait toujours passer pour un simple ustensile de cuisine, mais le stylet serait plus difficile à justifier. Et que dirait-on de Tina ?

Le policier demanda à Harry de s'appuyer contre le mur et d'écarter les jambes, le privant ainsi de la possibilité d'une fuite rapide. Il fouilla les poches du magicien, mais Tina dormait profondément dans la doublure. Le policier ne la sentit pas quand il tâta le bas du manteau. Cependant, il mit la main sur les armes du prestidigitateur.

— Qu'est-ce que tu fais avec ça ?

— C'est pour éplucher les pommes de terre, répondit poliment Harry.

— Et ça ? demanda le policier, brandissant le stylet.

— Quoi ?

Harry s'était retourné à demi, avait fait semblant de glisser, avait eu le temps de saisir le stylet des mains du policier et de planter l'arme dans un trou dans le mur à un pied du sol, sans même que l'homme qui le fouillait ne s'en rende compte. Au même moment, un autre policier cria :

— Joe ! Encore un et on s'en va !

— Tu épluches souvent des pommes de terre avec ça ?

— Je préfère garder la pelure ; c'est plus nourrissant...

Le policier cherchait autour de lui l'arme qui lui avait disparu des mains. Harry maîtrisait bien cette simple illusion qui consistait essentiellement à attirer l'attention de son sujet ailleurs. Il pensait s'en tirer à bon compte.

— Comment t'appelles-tu? demanda encore le policier qui ne voulait pas laisser s'échapper la proie qu'il avait entre les pattes.

— Harry Houdini! déclara fièrement le magicien.

— Ehrich Weiss, tu connais? le reprit-il.

Il tenait le passeport du magicien dont seuls ses amis savaient qu'il avait changé de nom. Il tenta de rattraper la situation.

— Weiss, c'est mon vrai nom. Houdini est mon nom de scène.

— Oh! Un artiste! Et qu'est-ce que tu fais dans la vie?

— De la magie!

Le jeune homme fit un geste inoffensif, mais qui pouvait être interprété différemment par un esprit simple qui redoutait la magie.

— Tu n'aurais pas plutôt tué cet Ehrich Weiss pour le voler? Quel que soit ton nom, on t'embarque!

Harry souriait, ce qui parut suspect au policier. Comment pouvait-on être accusé du meurtre de soi-même? Il n'avait pas tué Ehrich Weiss; en fait, il aimait bien ce garçon du Wisconsin qui avait des parents merveilleux. Il avait même pris la peine d'écrire à sa mère la veille pour lui dire que le *Lion de mer* et son précieux passager, monsieur Silverman, n'étaient pas encore arrivés. Il avait conclu sa lettre en disant que son enfant chéri s'était déjà fait deux amis et qu'il avait trouvé un endroit où dormir en toute sécurité.

Le policier lui passa les menottes et le plaça avec les autres à l'intérieur du fourgon. Les plus jeunes pleuraient. Les plus vieux criaient à l'injustice ou vociféraient des insultes :

« Cochons ! Bœufs ! Poulets ! » Pourtant, aucun d'eux n'avait jamais visité une ferme.

« Pas bons ! Pas fins ! Méchants ! » Fred, cinq ans, avait fini de pleurer et mettait lui aussi son grain de sel.

Tina, qui n'avait pas aimé se faire réveiller par une main fouineuse, avait glissé sur le sol du véhicule et explorait l'habitacle. Les détenus étaient assis sur des bancs de métal et adossés aux parois de chaque côté du camion de police, les menottes aux poignets, bloqués par une barre de métal cadenassée. Ils étaient dix, sept garçons entre cinq et quinze ans et trois filles, toutes trois âgées d'une douzaine d'années. Rien de bien dangereux pour l'ordre public, constata Harry.

La police nettoyait régulièrement les rues comme les exterminateurs dératisaient les édifices, tout en sachant la bataille inutile et la guerre perdue d'avance. On remplissait les cellules communes de la prison centrale sans égard au sexe ni à l'âge des individus incarcérés. C'est ainsi que les protégés de Big Mamma se retrouvèrent dans les mêmes lieux communs que des criminels endurcis. Les enfants plus vieux, dont Harry, se placèrent entre les enfants plus jeunes et les adultes. Personne n'avait d'argent pour payer un avocat ou une caution. Les adultes attendaient simplement leur transfert dans une maison de détention. Les plus jeunes ne pouvaient qu'espérer pour un procès dans une cour juvénile. Mis à part la classique accusation de vagabondage, ils ignoraient si d'autres charges seraient retenues contre eux.

☆ ☆ ☆

Ed et Lucy apprirent par ceux qui avaient échappé à la rafle que Harry faisait partie des vagabonds mis sous les verrous.

— Si seulement Harry avait eu une simple épingle à cheveux sur lui, se lamenta Ed auprès de Lucy.

— Pourquoi faire ? demanda-t-elle, intriguée qu'un garçon aux cheveux bouclés comme Harry ait besoin de cet accessoire typiquement féminin.

— Il aurait pu s'évader !

Ed expliqua à l'élue de son cœur les découvertes que les deux garçons avaient faites sur les serrures.

— Où trouver une épingle à cheveux ?

Lucy tira de ses cheveux noirs comme une nuit sans lune l'objet demandé. N'étant plus retenue, sa chevelure tomba sur ses épaules, ce qui offrit à Ed une nouvelle version de la beauté de Lucy. Il était ébahi.

— Comment pourrait-on la lui faire parvenir ? se questionna tristement Ed.

— J'ai une idée...

La jeune Chinoise sourit.

Lucy et Ed partirent bras dessus, bras dessous, au grand plaisir du gros garçon. Mais Lucy délaissa le bras de son compagnon avant d'entrer au commissariat du quartier qu'elle avait déjà visité et qu'elle détestait. Elle demanda à Ed de ne rien dire, de ne pas réagir. Elle se présenta au comptoir où les plaignants faisaient leur déposition.

— Vous avez incarcéré mon fiancé et je voudrais le voir.

Le policier bedonnant lui indiqua le chemin des cellules, derrière la porte de droite. Ed emboîta le pas à Lucy qui lança au gendarme, en parlant d'Ed :

— C'est son frère !

Ed était devenu en quelques secondes le frère du fiancé de celle qu'il aimait. Le garçon simple qu'il était suivait difficilement la suite de mensonges de Lucy. Ils entrèrent dans la partie la moins salubre de l'édifice, tout en briques sales et en grilles de métal. De chaque côté d'une allée centrale, un mur de barreaux interdisait l'accès à deux grandes cellules où étaient entassées une vingtaine de personnes. Harry et les enfants se trouvaient dans la première cellule. Ils formaient un carré au garde-à-vous autour de la toilette sans mur pour protéger l'intimité d'une fille. Quand cette dernière eut terminé, Harry s'approcha de ses amis, heureux de les retrouver :

— Lucy ! Ed !

Le gardien au bout de l'allée se leva lourdement et intervint.

— Vous ne pouvez vous passer quoi que ce soit au travers des barreaux. Il faut d'abord que j'inspecte.

— Un baiser est-il permis ? demanda Lucy.

Le gardien eut un sourire goguenard, et même un peu vicieux...

Ed bouillait. Il était rouge de colère à cause du projet de sa bien-aimée.

Harry, pour sa part, ne comprenait pas ce qui se passait. Il trouvait certes Lucy mignonne et amusante, mais il n'était pas amoureux d'elle.

Le gardien cria.

— Les mains derrière le dos !

Les pseudo-fiancés obtempérèrent avant de s'approcher des barreaux. Ed était vert de jalousie.

Harry tenta de dominer ses émotions. Il avait vu l'épingle pointer hors de la bouche de Lucy un court moment. Dans quelques secondes, il allait échanger son premier baiser, sans nul sentiment amoureux. Il tenta de penser à la jeune femme blonde aux yeux bleus qu'il avait croisée plus tôt. Tous les détenus, petits et grands, surtout les tout-petits, regardaient. Ed se déplaça pour faire écran, cachant à la vue du gardien que ce baiser n'en serait pas un vrai, qu'il y manquerait la passion de l'amour. Même s'il savait que le baiser n'était qu'un prétexte à un habile subterfuge, Ed aurait tant aimé être à la place de son ami.

Harry ne savait pas embrasser. Lucy dut tourner la tête pour éviter que le nez de son vis-à-vis ne frappe le sien. Et l'échange eut lieu : l'épingle à cheveux passa de la bouche de la fille à celle du garçon. Les faux fiancés s'éloignèrent après avoir échangé un baiser ordinaire qui n'avait rien de passionné, tel qu'il était prévu.

Ah, qu'il devait être doux tout de même de recevoir un baiser de Lucy ! Ed rêvait du jour où un tel bonheur lui serait donné.

Le gardien approchait ; Ed s'empressa de se placer entre lui et sa Chinoise adorée. Il fit semblant de s'intéresser au petit Fred, qu'il connaissait bien.

— Ils ne t'ont pas maltraité au moins ?

Le gardien oublia complètement qu'il voulait lui aussi un baiser de Lucy :

— Nous ne sommes pas des batteurs d'enfants, quand même! lança-t-il bêtement au gros rouquin. Allez, sortez maintenant.

8
Évasion

Comme il n'était pas commode de parler avec un objet dans la bouche, Harry plaça l'épingle dans ses cheveux. Puis il remercia Lucy et Ed.

— Merci pour votre... visite. Nous nous reverrons bientôt. Et j'emmènerai le petit Fred avec moi.

Si ses amis avaient bien compris, Harry venait de leur signifier qu'il ferait s'évader les autres en même temps que lui. Ce dernier avait jugé plus prudent d'utiliser un langage codé à cause de la présence du gardien.

Mais le magicien se doutait que l'évasion ne serait pas facile. Il avait bien sûr examiné la serrure de la cellule dès son arrivée : elle était très lourde, et une simple épingle à cheveux ne réussirait probablement pas à faire bouger le pêne. Peut-être qu'avec un gros clou cela serait possible. La difficulté serait alors de le modeler avec ses doigts et ses dents.

Même alors, il serait ardu de se glisser hors de la cellule sans se faire remarquer par le gardien ou l'agent de faction à l'entrée du poste de

police. Et Harry craignait que les adultes incarcérés profitent de la situation pour s'évader eux
aussi. Car si Harry savait bien que ses petits
copains n'avaient rien commis de répréhensi-
ble, les prisonniers adultes, eux, n'étaient pas
nécessairement des anges. Après tout, il était
magicien et non juge; ce n'était pas à lui de les
absoudre.

Les prisonniers reçurent une visite inatten-
due une heure plus tard : Bull et ses gardes du
corps, qui apportaient à manger. Bull tendit un
billet de cinq dollars au garde qui choisit ce
moment pour aller aux toilettes. Le jeune
gangster distribua des sandwichs au fromage :
il en donna d'abord à ses employés, soit cinq
adultes et deux enfants, et ensuite aux autres
prisonniers. Les détenus étaient affamés, car
les policiers ne leur avaient donné aucune
nourriture depuis leur arrivée.

Bull s'adressa à Harry :

— Et toi, le magicien, que fais-tu ici ?

— Simple problème d'identité. J'ai donné
mon nouveau nom au policier qui m'a arrêté.

— Et comment t'appelles-tu maintenant ?

— Harry Houdini.

— Houdini… J'aime ça. Alors, est-ce que je
peux faire quelque chose pour toi, Harry
Houdini ?

— Je ne crois pas.

— Je pourrais te faire sortir d'ici si tu consens à travailler pour moi.

— Je vous remercie sincèrement de l'offre, mais je crois bien que je vais me débrouiller par mes propres moyens.

— Comment donc?

— Secret professionnel...

Bull sourit; il était intrigué. Et c'est ce qui sauva Harry, car normalement Bull «cassait» ceux qui résistaient à son autorité.

— Rendez-vous demain, alors.

— Où et quand? demanda Harry, sachant bien qu'il n'était pas en position de refuser l'invitation.

— À mon bureau, que tu connais déjà. À midi.

— D'accord, j'y serai.

Ce n'était pas de la vantardise ni de la folie des grandeurs. Harry avait confiance qu'il arriverait à s'évader. Il savait ce qu'il était capable de faire et ce dont il était incapable. Le magicien aurait eu plus de difficulté avec un problème de mathématiques, car il était loin d'être le meilleur à l'école. Mais se sortir d'une situation périlleuse, ça, il connaissait. Il y excellait, même.

Harry n'était pas comédien. Il pouvait par contre réfléchir à une problématique sans jamais laisser ses émotions interférer et arrivait à rester calme dans des situations difficiles, ce qui n'était pas le cas d'Ed. Mais pour être magicien, en plus d'avoir du sang-froid, il fallait aussi avoir le sens du spectacle et être capable de mettre en scène une illusion. Et à défaut d'être comédien, Harry possédait le sens du spectacle.

Le gardien revint des toilettes. Il avait saisi les dernières paroles de Bull : « À demain, alors », mais il ignorait à qui elles s'adressaient. Méfiant, il fit du zèle en évitant de faire une sieste pour coincer celui qui croyait ne plus être derrière les barreaux le lendemain. Peut-être se serait-il laissé corrompre pour permettre l'évasion, mais il aurait fallu un billet de dix dollars, peut-être même de vingt.

En fin de journée, une heure avant que le soleil ne se couche, un fourgon cellulaire tiré par deux solides chevaux arriva pour emmener les mineurs vers une petite prison destinée à cette catégorie de prisonniers.

Le jeune Houdini décida qu'il fallait agir pendant le trajet. Un dilemme se présentait à lui : devait-il en parler aux autres ou les placer devant le fait accompli ? Il préféra se taire devant les plus jeunes dont l'enthousiasme et la naïveté pourraient vendre la mèche.

Pour la réussite de son plan, Harry traîna à l'arrière du groupe afin d'être le dernier à monter. Mais comment atteindre ce but dans un groupe qui avance à reculons ? Il promit un morceau de chocolat aux trois premiers qui arriveraient dans le fourgon. Sans courir, car ils n'étaient pas certains que le magicien avait vraiment du chocolat sur lui, les plus jeunes se pressèrent un peu, au cas où, laissant Harry grimper dans le véhicule fin dernier.

Joe, l'agent qui avait arrêté Harry, glissa une barre de fer entre les bras menottés des enfants et plaça un gros cadenas pour l'empêcher de bouger. Le conducteur alla se placer sur un banc à découvert à l'avant du véhicule. Seule une petite ouverture grillagée permettait à Joe, assis à l'avant avec le cocher, de jeter un coup d'œil sur les détenus. Le gardien trouvait ce travail facile. Il ne prenait même pas la peine de regarder si les enfants étaient toujours à l'intérieur, car les risques d'évasion lui paraissaient à peu près nuls. À part celui qui se prétendait magicien et qui semblait plus malin que les autres, les enfants n'étaient que des mômes des rues. Joe prit une petite gorgée de whisky et passa ensuite la flasque à Peter, son compagnon de route.

Pendant que les gardiens se la coulaient douce, Harry ne resta pas inactif. Il fit glisser l'épingle à cheveux de Lucy sur son épaule puis la rattrapa de justesse du bout des doigts. Il se servit de la serrure des menottes pour modeler l'épingle en clé rudimentaire, puis les ouvrit sans peine. Fier de sa réussite, il s'adressa à sa voisine :

— Je vais te libérer de tes menottes, mais ne dis rien. Reste calme.

Ce fut d'autant plus facile que la faible clarté passant par un petit carreau lui permettait de voir ce qu'il faisait. Il répéta l'opération avec les cinq autres plus vieux. Il promit ensuite aux trois plus petits, qui étaient d'ailleurs les trois premiers arrivés dans le fourgon, un deuxième morceau de chocolat s'ils se taisaient jusque chez Big Mamma... Quand le petit Fred ouvrit la bouche pour protester, Harry y laissa tomber le premier morceau de chocolat promis. L'enfant de cinq ans ne put dire un mot, et dégusta la petite douceur en silence.

Il fallait maintenant ouvrir les portes. Le cadenas était évidemment à l'extérieur, ce qui compliquait la tâche de Harry, sans toutefois la rendre impossible. Il y avait suffisamment d'espace entre les portes pour passer la barre de fer à laquelle ils avaient été menottés entre le boîtier et l'arceau du cadenas et les détacher l'un de l'autre. Bientôt, les deux portes s'ouvrirent grand et les dix enfants faillirent être expulsés du véhicule en marche. Harry et un autre grand bloquèrent la sortie et empêchèrent leurs compagnons de s'étaler sur la chaussée. La voiture s'immobilisa au coin de la rue où les enfants avait été arrêtés. Trois secondes plus tard, il n'y avait plus personne dans le fourgon. Les plus petits ayant grimpé sur les épaules des plus grands, la joyeuse bande courait vers la sécurité de la maison de Big Mamma.

Les plus vieux arrivèrent en haut du grand escalier complètement essoufflés mais en riant de bon cœur. Lucy et Ed serrèrent Harry dans leurs bras tandis que les autres évadés faisaient un cercle autour des trois amis. Tous les autres enfants voulurent participer à cette manifestation d'affection et de joie. Ed se sentait très heureux d'être à moitié dans les bras de Lucy et à moitié dans les bras de celui qui était devenu en peu de temps le meilleur ami qu'il eût jamais eu.

Harry Houdini fut acclamé comme un héros. Dans la petite communauté des enfants perdus de New York, tous connaissaient maintenant son nom.

Big Mamma avait reçu une grande quantité de farine et avait préparé une dizaine de gâteaux. La fête se prolongea jusqu'au coucher des enfants. Harry n'avait pas oublié sa promesse et les plus jeunes évadés eurent droit aux derniers carreaux de chocolat de la tablette que sa mère lui avait donnée.

☆ ☆ ☆

De leur côté, Peter et Joe finirent par arriver à destination. Le portier de la maison de haute surveillance où ils se rendaient les entendit bien avant de les voir : le cocher et le surveillant, éméchés et joyeux, chantaient à tue-tête. Ces derniers saluèrent le gardien à l'aide d'une parodie de salut militaire puis s'esclaffèrent, ce qui donna l'impression qu'ils ne prenaient pas très au sérieux leur travail. L'homme à la grille leur rendit ce salut fort peu protocolaire avant de les regarder passer.

— Hé, les gars ! Vous venez en chercher ou vous en amenez ?

— On en amène ! Un plein fourgon de mécréants des rues !

— Votre fourgon est vide !

Le cocher tira sur les rênes pour immobiliser le véhicule. Les deux gardiens coururent jusqu'à l'arrière du fourgon pour constater l'affirmation du portier. En effet, tous les prisonniers étaient partis, apportant avec eux menottes et barre de fer. Honteux de s'être fait avoir par dix mômes, les policiers effacèrent toute trace de l'opération : ces enfants ne pouvaient s'être évadés, ils n'avaient jamais été arrêtés !

9
Yo napot kivanok ?

De bon matin, Ed et Harry se dirigeaient vers le port. Ed essayait de repérer des marins à qui proposer les délices de la cité tandis que Harry cherchait un bateau et un passager en particulier. Le *Lion de mer*, qui arrivait enfin, grondait en se frayant un chemin entre les autres navires vers le port, ceinturé d'une clôture et de bâtiments administratifs. Les deux compères attendaient au milieu d'une foule impatiente les nouveaux venus qui arrivaient de Castle Garden où ils avaient passé un examen médical minutieux et éprouvant... Dès qu'un groupe d'hommes débarquèrent, Ed se précipita pour accueillir ces clients potentiels.

— Que cherchez-vous, messieurs ? Un peu de divertissement pour ces rudes gaillards ? Un endroit pour vous détendre et vous désaltérer un peu ? Je sais où trouver le meilleur whisky de New York et la meilleure table de poker...

Ed était fier de sa grosse voix d'homme qui retentissait ce matin.

Harry n'avait qu'une description sommaire de l'individu qu'il recherchait : cinquante-cinq ans, petit et maigre, portant une kippa, ce couvre-chef propre aux Juifs et qui ressemble à la coiffe des ecclésiastiques chez les chrétiens, mais noire. Les Juifs pouvaient aussi porter un chapeau sans connotation religieuse cependant, comme un chapeau melon, par-dessus leur kippa, ce qui pouvait rendre difficile de les repérer. Monsieur Silverman transporterait une valise, comme les milliers d'immigrants qui se déversaient chaque semaine dans le port de New York. Harry ne se doutait pas que le futur roi des cornichons serait encombré d'un petit baril dans lequel il conservait les cornichons censés faire sa fortune. Le mot de passe pour s'assurer de repérer la bonne personne était : « *Yo napot kivanok ?* », ce qui signifiait en hongrois « Bonjour, comment ça va ? »

Ed avait trouvé des jeunes Polonais qui cherchaient un endroit où acheter de la vodka. Par contre, un médecin français voulait se mettre au jeu dans l'espoir de s'amasser une petite fortune en sol américain.

— *Yo napot kivanok ? Yo napot kivanok ?*

Personne ne répondit au salut hongrois de Harry.

— *Gouta togue, vil filsta ?*

Cela ne fonctionnait pas plus en yiddish. Il tenta plutôt d'appeler le futur investisseur par son nom :

— Monsieur Silverman ? Monsieur Silverman ? Je suis Ehrich Weiss du Wisconsin. Le fils du rabbin Weiss. Êtes-vous monsieur Silverman ?

Personne ne se manifesta. Peu d'hommes portaient la kippa d'ailleurs, mais plusieurs étaient coiffés d'un chapeau... Harry interrogea quelques nouveaux arrivants. La description qu'il donnait de monsieur Silverman rappela quelqu'un à une mère de famille polonaise :

— Oui, je l'ai vu... Il sentait le vinaigre !

Mais bien qu'elle aurait aimé aider Harry à dénicher le passager, elle ne le trouva pas dans la foule. Le *Lion de mer* avait débarqué tous ses passagers mais, pourtant, monsieur Silverman manquait à l'appel. Ed, pour sa part, fit de bonnes affaires avec l'équipage français qui voulait faire la fête en profitant de tout ce que New York avait à offrir.

Harry ne savait que faire. Où se trouvait l'ami de son père ? Avait-il vraiment pris le bateau ? Est-ce qu'une lettre arrivant par un autre navire informerait son père que le digne bijoutier de Budapest arriverait plus tard ? Monsieur Silverman avait-il tout simplement changé d'idée ? Il devait bien s'assurer que son homme n'était pas là avant de prévenir ses parents.

Harry retourna à la capitainerie pour s'informer de la procédure à suivre en cas de disparition. Les douanes possédaient évidemment des listes des personnes qui arrivaient en Amérique, mais les autorités étaient débordées et ne collaboraient pas vraiment. Un douanier prit enfin quelques secondes de son temps pour lui dire :

— Déclare la disparition de ton ami à la police. Comme ça, nous serons obligés de le chercher...

Mais Harry n'avait pas très envie de retourner au commissariat pour déposer une plainte officielle de disparition alors qu'il avait lui-même « disparu » la veille de la prison centrale...

Chère maman,

Le Lion de mer *est arrivé au port de New York, mais je n'ai pas trouvé monsieur Silverman. Je vais rester ici une semaine ou deux pour voir si je peux le retracer et, ensuite, je rentrerai à la maison. Je vais très bien. J'emménage avec mes deux amis ce soir...*

Ton fils, Ehrich

Il avait failli signer « Harry », mais il s'était abstenu. Pour ses parents et sa famille, il resterait toujours « Ehrich » quoi qu'il lui arrivât dans la vie.

Harry avait passé l'avant-midi à patrouiller les rues à proximité du port, en espérant tomber sur un monsieur Silverman désœuvré, déambulant dans la métropole. L'homme serait heureux et reconnaissant de tomber sur lui, de retrouver quelqu'un qu'il «connaissait»... même si, en fait, les deux hommes ne s'étaient jamais rencontrés.

Il avait été convenu qu'en cas de rendez-vous manqué monsieur Silverman et lui tenteraient de se retrouver à tous les matins à dix heures, à la sortie de la douane. Harry s'y rendrait de nouveau le lendemain. Pour l'instant, il avait presque oublié son rendez-vous avec Bull fixé à midi. Quand on invite quelqu'un pour midi, est-ce qu'on l'invite automatiquement pour dîner? Devait-il apporter quelque chose? Harry était bien embêté. Il ne savait comment se comporter avec le jeune caïd. Jusqu'à aujourd'hui, il avait évité de lui être redevable, mais combien de temps cela durerait-il?

Quand il arriva à l'édifice de Bull, le garde de faction lui fit signe d'entrer. Il était vraiment costaud et paraissait plus méchant que son maître. Comment Bull s'y prenait-il pour le contrôler? «Par l'argent, bien sûr», se dit Harry. En Amérique, le pouvoir était assuré par l'argent plutôt que par la force physique ou les armes. Le magicien monta d'un pas vif la longue volée de marches jusqu'au bureau du jeune gangster. Harry ne le savait pas, mais le maître des lieux profitait de cet exercice imposé à ses employés et visiteurs pour en apprendre un peu plus sur eux. Ceux qui arrivaient en haut essoufflés et qui prétendaient malgré tout être en bonne forme étaient considérés comme des menteurs. Bull était lui-même en excellente forme physique, mais il n'utilisait que rarement ce majestueux escalier car il habitait l'immeuble, un des rares dans ce quartier à être raccordé au nouveau service d'électricité, ce qui constituait le *nec plus ultra* de la modernité.

Bull attendait Harry assis derrière son bureau alors qu'une horloge sonnait les douze coups de midi.

— Ponctuel ! dit-il en le voyant franchir la porte. C'est très bien !

— J'ai dit que j'y serais, alors j'y suis.

— Très bien, Weiss.

— Houdini…

— Oui, c'est vrai. Et pourquoi Ehrich Weiss ne te convenait pas ?

— Pas assez américain.

— Ou trop juif ?

— Être juif n'est pas une honte, c'est une religion.

Bull, qui avait tenté de coincer Harry, fut désarçonné par la réponse du garçon. En plus d'être justes et intelligents, ses propos ne cachaient aucune agressivité, contrairement aux enfants du ghetto qui répondaient toujours sur la défensive. Harry ne se sentait pas intimidé par lui.

— Assieds-toi, nous allons parler affaires.

Harry attendait la suite sans impatience.

— J'ai déjà dit que je ne cherchais pas de travail...

— On est d'accord là-dessus. Mais je monte parfois des spectacles dont tu pourrais peut-être faire partie...

— Quel genre de spectacles ?

— Des combats.

Bull continua rapidement avant que Harry ne puisse protester.

— On pourrait incorporer un numéro de magie d'une trentaine de minutes durant l'intermission.

Harry était partagé. D'une part, les combats n'attiraient sûrement pas une clientèle de choix. D'autre part, Bull lui offrait sa première occasion de se donner en spectacle devant un public élargi, et il ne voulait pas laisser passer sa chance.

— Combien ?

— Comme j'ai plusieurs frais à payer, je ne peux te donner plus de trois dollars par spectacle. Il y a trois spectacles par semaine. Tu commencerais vendredi à huit heures... du soir, évidemment.

— Combien de personnes viennent voir le spectacle ? demanda Harry qui n'avait pas l'âme d'un négociateur.

— Environ cent personnes qui paient chacune cinquante cents pour leur entrée. Ce n'est pas beaucoup, mais nous vendons aussi de l'alcool, et la majorité des spectateurs restent pour la soirée. Et quelques-uns d'entre eux viennent même jouer à mon casino qui se trouve à la porte d'à côté.

Harry ouvrit la bouche pour parler mais Bull rajouta précipitamment :

— En passant, pas de tours de cartes. Je veux des numéros qui frappent. Et le casino t'est interdit comme joueur. Si jamais tu veux faire plus d'argent, l'offre d'emploi de croupier tient toujours, à quatre dollars la soirée, cinq soirs par semaine.

— L'offre du numéro de magie me tente beaucoup, mais sans cartes, je manquerai de matériel.

— Justement, j'ai en stock du matériel de magie qu'un de tes semblables a laissé en paiement de ses dettes de jeu. Lui, je n'avais aucune objection à le laisser jouer au casino ! Si tu acceptes mon offre, son matériel est à toi. Sinon, tu peux l'avoir pour dix dollars.

— Je peux y penser ?

Bull savait qu'il était tout près d'avoir gagné.

— Jusqu'à demain midi. J'ai une dernière carte à jouer pour influencer ta décision. Ed m'a révélé que tu cherchais quelqu'un qui ne s'est pas présenté au quai ?

— Oui...

— J'ai un bon réseau de renseignements. Il te suffirait de me donner son nom et... Si tu acceptes mon offre de monter sur scène, je pourrais peut-être m'informer pour savoir s'il a été passé par-dessus bord ou s'il est toujours vivant.

— Son nom est Robert Silverman.

Bull nota le nom sur un bout de papier.

— Je t'en donnerai des nouvelles d'ici peu. Ainsi, tu acceptes de travailler pour moi ?

— Comme magicien, oui.

Un des gardes fit signe à son chef. Un visiteur arrivait. Bull, qui se sentait déjà le patron de Harry, sembla lui lancer un ordre plutôt qu'une invitation :

— Tu restes avec nous pour dîner. Je te ferai goûter un nouveau breuvage qui arrive d'Atlanta. Un tonique, à ce qu'il paraît.

Un homme d'environ vingt-cinq ans, portant l'habit et la cravate, pénétra dans la pièce. Il tendit aussitôt la main à Harry.

— Bonjour. Je suis Vincent Mariani, d'Atlanta...

— Enchanté, monsieur Mariani, mais c'est lui le patron, lui indiqua Harry en désignant Bull. C'est à lui qu'il faut parler.

— Pardonnez-moi, monsieur.

Le nouveau venu comprit rapidement qu'il ne pouvait tendre la main par-dessus le large meuble. Il sortit plutôt une bouteille d'un liquide noir et poursuivit sa rengaine de vendeur.

— J'aimerais vous faire goûter ce nouveau breuvage, si bon pour le corps et l'esprit que vous en demanderez encore et encore.

Après que le garde du corps eut apporté une desserte, le vendeur vida sa bouteille dans quatre verres. Harry remarqua que le breuvage produisait des bulles, comme la bière.

— Il s'agit de l'invention de John Pemberton, poursuivit Mariani, un pharmacien d'Atlanta qui a su combiner des ingrédients anciens dans un mélange nouveau et savamment dosé.

Harry, Bull et son garde goûtèrent prudemment le breuvage, laissant la sensation de picotement chatouiller leurs papilles.

— Excellent, n'est-ce pas ? lança le vendeur.

— Pas mal... répondit Bull.

— Différent, dit Harry.

— Ouais ! grogna le garde, le nez encore dans son verre. Il en reste ?

L'homme reprit son discours :

— Nous vendons la bouteille treize cents et elle contient quatre verres, comme vous avez pu le constater. En vendant chaque verre cinq cents, votre profit sera de sept cents la bouteille. De plus, comme vous êtes notre premier client à New York, nous vous offrons gratuitement une caisse de six bouteilles pour que vous puissiez servir notre produit à vos clients en dégustation. Vous pouvez être certain qu'ils en redemanderont.

— Et que contient ce breuvage ? questionna Bull.

— Vous comprendrez, monsieur, que la composition de notre produit est un secret industriel.

— D'accord. Et ce secret industriel a un nom ?

— Bien sûr ! fit le vendeur, content qu'on lui pose la question. Nous le désignons sous le nom de Coca-Cola.

10
La Saint-Patrick

Ed avait trouvé un trois pièces inoccupé – une cuisine et deux chambres ainsi qu'une toilette privée. Il y avait bien quelques résidants au rez-de-chaussée, mais seuls des rats avaient élu domicile aux quatre étages supérieurs. Ed les avait chassés à grands coups de pelle.

Il y avait même un escalier de secours. En fait, aucun escalier intérieur ne menait au dernier étage ; il fallait entrer par la sortie de secours dont la volée de marches la plus basse devait être rabattue au sol en y posant le pied. On montait le même escalier à l'aide d'une corde dissimulée. Le secret permettant d'accéder au logement risquait donc d'être bien gardé. Et l'endroit offrait un avantage fort apprécié pour les gens pauvres : personne ne collectait le loyer. Par contre, difficile d'y recevoir quelqu'un pour le dîner !

Ed avait fait de son mieux pour transformer le petit appartement délabré en un chez-soi accueillant pour Lucy, Harry et lui. Les fenêtres étaient placardées, mais ces planches coupaient le vent vif et frisquet de la mi-mars.

Le jeune Irlandais eut un regain de plaisir en se rappelant que la Saint-Patrick serait célébrée dans trois jours. Le 17 mars, partout dans le monde, les fils et les filles de l'Irlande chérie fêtaient leur appartenance à leur culture et à leur pays.

Les Irlandais formaient, comme les Italiens, un groupe important à New York. Il y avait aussi beaucoup de Chinois et de Noirs. Toutes ces communautés défendaient les leurs lorsqu'ils étaient attaqués. Mais dans chaque clan, il y en avait qui ne respectaient pas les règles établies. Ces parias étaient punis par leur propre milieu. La pire sentence imposée à un individu par son groupe était le rejet, car alors il ne bénéficiait plus d'aucune protection. Et il ne fallait pas compter sur la police !

☆ ☆ ☆

Harry fouillait le matériel du magicien que lui avait donné Bull. Le pauvre avait dû être très malchanceux au jeu car son matériel constituait un véritable trésor pour un prestidigitateur débutant comme lui. Il y avait des classiques, comme les anneaux solides que l'on ne pouvait défaire autrement que par « magie », et il y avait même... une guillotine ! Y aurait-il des volontaires pour *ne pas* se faire couper la tête par une guillotine dont la lame descendait à grand fracas? Certainement pas parmi une foule de sceptiques...

L'idéal aurait été d'avoir une assistante. Harry venait justement de mettre la main sur un costume : un vêtement allant du buste à l'entrejambe, largement décolleté et échancré aux hanches, brodé de paillettes. Une paire de bas de soie complétait l'assortiment. Son assistante pourrait également porter une petite coiffe surmontée d'oreilles de lapin, également trouvée parmi le matériel de magie.

Qui accepterait de porter un tel costume ? Quelle assistante ne paraîtrait pas ridicule et pathétique dans cette tenue ? Harry pensa à ces filles de joie, fort nombreuses dans New York, qui n'avaient peur de rien parce qu'elles avaient déjà vécu et vaincu toutes les peurs. Auraient-elles également le courage de monter sur scène ? Peut-être son amie Lucy voudrait-elle tenter le coup ? Ed risquerait d'en être furieux. Ou bien, comme tant d'autres spectateurs, il aurait simplement l'écume aux lèvres de voir un si joli brin de fille dans un costume qui en dévoilait plus qu'il n'en couvrait. C'était décidé : Harry allait proposer le travail à Lucy et ferait entendre raison à son ami irlandais si jamais il s'y opposait. Il offrirait à son assistante soixante-quinze cents par soir sur les trois dollars qu'il allait gagner. Une affaire en or pour cette simple blanchisseuse! Le magicien remarqua soudain qu'il y avait un peu de sang sur la guillotine...

☆ ☆ ☆

Lucy fut enchantée de son nouveau logis. Sa sœur était partie ce matin-là pour Toronto. Lucy se retrouvait donc seule au monde, seule dans le Nouveau Monde, hormis pour ses deux nouveaux amis. Elle n'avait pas peur d'habiter avec deux jeunes hommes. Si l'un devenait discourtois, elle comptait sur l'autre pour se porter à sa défense. Le fait de ne pas payer de loyer l'arrangeait, car avec son salaire de deux dollars par nuit, soit quatorze dollars par semaine, il ne lui resterait pas grand-chose pour manger.

Après le départ de sa sœur, le patron lui avait demandé de travailler encore plus afin de compenser pour sa perte de personnel. La jeune Chinoise aux yeux verts ne voyait pas l'avenir briller au pays de la liberté.

Par contre, son nouveau logement lui plaisait. La cuisine était affreuse, mais sa chambre n'était pas si mal. Elle fabriquerait de jolis rideaux avec du tissu récupéré auprès des couturières à son travail. Il y avait bien sûr les cinq étages à monter après le boulot, mais ses amis et elle occupaient seuls l'étage où ils avaient l'usage d'une toilette et d'un bain fonctionnels! Lucy se lavait à chaque occasion, mais il y avait une éternité qu'elle n'avait pris un bain. L'eau courante montait jusqu'à leur étage et le petit poêle à bois qui chauffait le logement donnait également accès à de l'eau chaude. Du luxe.

Dans l'après-midi, Ed demanda à ses amis de l'accompagner à Central Park. Il y avait longtemps, son père lui avait dit qu'il fallait trouver un trèfle à quatre feuilles juste avant la Saint-Patrick, ce qui était supposé porter chance pour le reste de l'année. «Cela ne sera pas facile en cette fin d'hiver», pensa Lucy. Ils cherchèrent tous trois une partie de l'après-midi jusqu'à ce qu'ils rencontrent le petit Fred et ses amis. Harry s'écria :

— Mais qu'est-ce que je vois là ?

Et il tira de derrière l'oreille de Fred une pièce de cinq cents. L'enfant, qui n'avait pas un sou dans ses poches, put ainsi payer la tournée de bonbons à ses deux amis, qui examinaient leurs oreilles à la recherche de pièces oubliées.

Harry voulait revenir tôt de sa balade car il devait pratiquer avec sa nouvelle assistante pour le spectacle du lendemain. Il convainquit son gros ami de quitter Central Park en lui tendant un trèfle à quatre feuilles qu'il semblait avoir fait apparaître de nulle part, dans une végétation à peine existante.

— Que ton année soit remplie de chance heureuse, Ed, lui souhaita-t-il.

Lucy avait accepté la proposition de son ami sans aucune hésitation, et pas seulement pour les soixante-quinze cents par spectacle qui allaient augmenter son maigre revenu. Le costume lui plaisait beaucoup : elle aimait les paillettes et les brillants. Elle aimait aussi que les hommes la voient un peu moins comme une petite fille de rue et un peu plus comme une femme. Après tout, elle avait dix-sept ans !

Harry avait essayé plusieurs fois la guillotine avec des choux et des pieds de céleri avant d'en comprendre le mécanisme, qu'il maîtrisait maintenant parfaitement. Lorsqu'Ed s'était inquiété du danger pour Lucy, le magicien l'avait rassuré en lui expliquant clairement le fonctionnement de ce qu'il appelait son « hachoir à légumes ».

— Tu vois, mon ami, il ne coupe que les légumes ; pas les têtes. Tu peux essayer, si tu veux.

Ed s'était frotté le cou et avait décliné l'offre. Il était ensuite allé s'asseoir au premier rang dans la salle de spectacle plusieurs heures avant la représentation et avait attendu patiemment. Harry lui paya un Coca-Cola, dont Bull avait maintenant l'exclusivité dans le secteur, pour le remercier d'avoir déménagé son matériel du sous-sol au rez-de-chaussée, où il se produirait plus tard en soirée.

Sur la scène, qui n'était en fait qu'un ring, il y eut d'abord un combat de boxe : un Irlandais contre un Italien. En ce soir de la Saint-Patrick, l'Irlandais gagna. Fallait-il s'étonner du résultat ? Les mêmes belligérants s'affronteraient le lendemain devant les Italiens et, cette fois, l'Italien gagnerait. Dans la salle, il y avait justement plusieurs Italiens qui beuglaient et, fait rare, on remarquait même la présence de quelques Chinois. Cela s'expliquait par le deuxième combat – celui qui n'était pas arrangé – mettant aux prises un immense Russe et un adversaire chinois aux méthodes de combat inconnues jusqu'alors en Amérique, présenté comme étant maître au « kung-fu ».

Et c'est dans cette atmosphère surchauffée, remplie d'hommes qui hurlaient à pleins poumons, sur une plateforme dont il fallait nettoyer le sang après chaque prestation, que Harry Houdini produisit son premier grand spectacle.

Bull lui-même vint le présenter comme « le grrrand magicien Hou–dini ! » Harry arriva aussitôt sur scène et entreprit de présenter le numéro de l'apparition de Tina.

— J'avais un lapin, mais les New-Yorkais l'ont mangé quand je suis débarqué du train...

La foule partagea un franc éclat de rire.

Le magicien avait compris que l'humour serait son meilleur allié pour conquérir ce public composé de brutes et de rudes gaillards de toutes sortes.

Les numéros mettant en vedette Tina liaient les numéros plus sérieux. Dès qu'il présenta Lucy, les cris de joie, les remarques grivoises, et parfois même vulgaires, fusèrent. Mais lorsque le magicien « testa » sa guillotine avec un chou, le silence tomba sur cette assemblée d'hommes à moitié soûls. Au moment où Harry plaça le cou de Lucy à l'endroit où la lame venait de couper le chou en deux, Ed arrêta de respirer. Et vlan ! Même si une moitié de chou avait roulé par terre ce soir-là, la jolie tête de Lucy resta bien en place sur son cou délicat.

Au-dessus des applaudissements et des sifflements, des Italiens éméchés lancèrent des insultes pour se moquer de l'anatomie du frêle magicien. S'il n'y avait eu qu'un ou deux de ces malappris dans l'assistance, les hommes de Bull auraient eu tôt fait de les sortir, mais ils étaient une douzaine… S'agissait-il d'une provocation ? Heureusement, dans un autre coin, un groupe de Français, un équipage ramené du port par Ed, appréciaient réellement le spectacle, leurs encouragements bruyants noyèrent les paroles désobligeantes des Italiens.

Harry récolta de nombreuses louanges pour ses numéros. Sa demi-heure était déjà presque écoulée. Le jeune prestidigitateur exécuta son dernier tour, qui consistait à faire disparaître son assistante enfermée dans une boîte montée par sections, puis à la faire réapparaître de façon spectaculaire dans un nuage de fumée. Mais Bull ayant interdit la fumée, de peur de faire fuir sa clientèle dans la panique, Harry avait dû modifier le numéro. Lucy ferait sa réapparition dans la même boîte dans laquelle elle aurait disparu. «L'idéal, songea Harry, serait de la transformer en lapin…» Mais il n'avait pas de lapin. Il la fit donc disparaître, tel qu'il était prévu, se promettant d'améliorer grandement ce numéro lors d'un prochain spectacle.

— Et maintenant, s'écria le magicien, ne laissons pas une aussi jolie femme loin de nos regards plus longtemps.

Harry fit de grands gestes, sans prononcer de formules magiques, lesquelles n'étaient pas son genre. D'un coup frappé sur le coin de la boîte, il fit s'écrouler les panneaux dans le but de dévoiler une Lucy rayonnante qui saluerait la foule.

Mais un problème de taille survint : Lucy n'était pas dans la boîte ! Elle avait sûrement raté une indication. Si Harry était inquiet, Ed ne tenait plus en place. Le magicien recommença son rituel.

— Nous allons maintenant faire réapparaître notre chère Lucy !

Mais toujours pas de Lucy en vue. Elle était disparue pour vrai. Quelle triste façon de conclure un premier spectacle !

Harry fut applaudi de façon polie par quelques spectateurs, mais les autres se contentèrent d'afficher un air dubitatif. Bull se précipita sur scène pour présenter les prochains combattants : « Le terrible Ivan, et Ming, le cogne-fou ! »

11
Pour sauver Lucy

— Mais où est-elle ? cria Ed une fois à l'extérieur.

Harry et lui avaient fouillé partout, même sous la guillotine où les garçons avaient été très heureux de ne pas retrouver la jolie petite tête de Lucy. Ed avait demandé à son ami où allaient les gens qui «disparaissaient» pendant les spectacles de magie. Harry s'était contenté de lui répondre qu'il s'agissait d'un secret de magicien, avant d'aller fouiller lui-même au sous-sol qui empestait l'alcool.

— Lucy disparaît, et toi tu me parles de secret ! Je veux la retrouver même si elle est partie en enfer !

— Rassure-toi, elle n'est pas en enfer !

— Qu'est-ce que tu en sais, le magicien ? D'abord, c'est ton bonhomme Silverman qui disparaît, puis ton assistante ! Les gens disparaissent autour de toi. Qui sera le prochain ? Moi ?

L'inquiétude le rendait agressif et Harry ne savait tout simplement pas quoi répondre à son ami. Lucy aurait dû réapparaître ; c'est tout ce qu'il savait. En avait-elle été empêchée? Par qui? Et pourquoi? Il n'y avait rien d'autre à faire pour l'instant que de retourner à l'appartement en faisant un détour chez Big Mamma, au cas où.

Ed décida de poursuivre ses recherches dans les rues de New York. Il était vraiment désespéré. Il voulait demander à tous les passants s'ils avaient vu Lucy. Mais comment la décrire?

— Auriez-vous vu passer la plus belle fille du monde?

On lui aurait ri au nez. Ed s'obligea au calme pour tenter de voir Lucy avec les yeux des autres. Qu'avait-elle de remarquable autre que cette aura magique qu'elle dégageait? Ses longs cheveux noirs, ses beaux yeux verts bridés...

— Avez-vous vu une Chinoise aux yeux verts?

Cette question pouvait toujours passer. Il la répéta à tous les passants qu'il croisa ce soir-là, et encore à ceux qu'il rencontra toute la nuit. Ed dérivait dans une mer de désespoir et avait même dépassé les rivages du quartier irlandais, le seul où il était à peu près à l'aise. Il errait maintenant dans la Petite-Italie, mais il ne s'en était pas rendu compte. Il posait toujours la même question:

— Avez-vous vu une Chinoise aux yeux verts?

— Non. Mais si tu veux voir des filles, le bordel est juste au coin de la rue.

Ed ne croyait pas pouvoir y trouver Lucy, mais il devait en avoir le cœur net. Il se dirigea donc vers l'endroit indiqué en titubant sous le poids de l'immense chagrin qui l'accablait. Des passants qui le croisaient auraient pu croire qu'il était soûl alors qu'il n'avait pris que deux verres de ce délicieux Coca-Cola.

Il hésita quelques secondes avant de monter les trois marches menant à la porte surmontée d'une petite lumière rouge. Il entra et, poussé par son audace, gravit le long escalier qui menait à l'étage. Une belle vieille dame d'une quarantaine d'années, fort peu vêtue, l'accueillit. En garçon timide, Ed s'excusa.

— Je vous dérange, peut-être ? Vous vous prépariez à aller au lit ?

— Plus à mon âge, mon petit. Que puis-je faire pour toi ?

Elle devait être vraiment vieille, se dit Ed, car il n'avait jamais entendu dire que les personnes arrêtaient de dormir à partir d'un certain âge. Même Big Mamma dormait toutes les nuits.

— Je voudrais voir vos filles, lança-t-il d'un seul souffle.

— Quel âge as-tu, mon garçon ?

— Quatorze ans et demi. Je veux juste les voir…

— Pas de lèche-vitrine ! C'est dix dollars, pour les regarder ou les toucher, c'est pareil. As-tu de l'argent, petit ?

Ed lui montra un billet qu'il avait durement gagné à ramener des clients aux tables de jeu de Bull. La dame tendit la main, mais le jeune garçon ne le lui donna pas.

— Je veux voir les filles, répéta-t-il.

— Quel genre de femmes préfères-tu ? lui demanda-t-elle brusquement.

La réponse sortit toute seule :

— Les Chinoises aux yeux verts.

La dame se demanda si Ed n'avait pas vu arriver la dernière recrue.

— Elle est occupée, trancha-t-elle. Mais si tu aimes les Chinoises…

Un grand cri résonna sur tout l'étage et interrompit la dame :

— NON !

C'était la voix de Lucy. Aucun doute, elle était ici, et en danger ! Ed bondit comme un diablotin sortant de sa boîte. Il fonça vers la porte du fond d'où était venu le cri. La dame n'essaya même pas de l'arrêter ou d'appeler à la rescousse de peur de se faire renverser par ce jeune homme lourdaud. Il entra dans une chambre sombre et trouva son amie devant un homme qu'elle semblait avoir poussé à la renverse.

— Lucy ! cria Ed en s'approchant d'elle. Viens, on s'en va !

Alors que son client forcé se relevait en se lamentant et en protestant, la jeune Chinoise fondit en larmes dans les bras de celui qui était venu la secourir. Mais le garçon n'eut guère le temps d'apprécier le moment que, déjà, ils se retrouvaient dans le couloir puis dévalaient l'escalier. Ed bouscula tout sur son passage : la patère où étaient accrochés les effets des clients, les chaises et les meubles, mais il épargna tout de même la dame qui l'avait accueilli. Il était en furie comme jamais il ne l'avait été de toute sa vie, si bien qu'un grand homme qui osa se placer dans son chemin reçut un coup dans le bas-ventre qui le fit se plier en deux.

Ed et Lucy regagnèrent la rue et se mirent à marcher rapidement dans l'air froid de la nuit. Ils ne savaient où diriger leurs pas, mais ils savaient qu'ils ne devaient pas arrêter. Ed suivit son instinct et marcha dans la direction d'où il était venu, s'orientant de la même façon à chaque carrefour. Il devait soutenir Lucy qui peinait à avancer. Malgré tout, elle semblait heureuse.

— Comment as-tu fait pour me retrouver ? demanda-t-elle lorsqu'elle se sentit hors de danger.

Ed était trop occupé à retrouver son chemin pour réfléchir à la question. Car, en fait, qu'est-ce qui l'avait guidé dans le quartier italien ? Était-ce autre chose qu'un simple coup de chance inouï ? Était-ce l'influence du trèfle à quatre feuilles trouvé la veille ?

12
Des cornichons, c'est bon !

Lucy et Ed arrivèrent exténués au logement qu'ils partageaient avec Harry. Le garçon avait dû porter la jeune Chinoise jusqu'au cinquième étage, où le magicien les attendait. Ed le dévisagea et ne lui accorda pas un seul mot. Lucy, elle, était trop fatiguée pour parler. Ses kidnappeurs l'avaient obligée à boire quelque chose pour la rendre somnolente. Alors qu'il allait déposer Lucy dans son lit, il la sentit le prendre par le cou.

— Mon sauveur ! murmura-t-elle.

Ed avait bien envie de l'embrasser, mais il se disait que leur premier baiser méritait de meilleures circonstances. Lucy insista pour qu'il la déshabille.

— Je ne veux pas abîmer mon beau costume d'assistante...

Ed aurait bien abîmé le magicien qui lui avait demandé de porter ce costume. Il lui pardonnerait demain ou après-demain, mais pas ce soir. Il aida tout de même Lucy à se dévêtir, ce qui le troubla grandement. Il fit attention à regarder le moins possible. C'était contre ses principes de profiter de la situation. Ed respirait l'odeur de Lucy. Elle

n'était pas parfumée mais elle sentait bon, naturellement. Il la fit tourner sur le ventre pour dégra-
fer son costume et le lui enleva en remontant les
draps. Puis il se pencha pour déposer un pudique
baiser sur la joue de son amie, mais elle tourna la
tête vers lui juste au bon moment. Le baiser d'amitié aboutit sur les lèvres de la jeune femme qui
souriait. Ed tenta de s'excuser.

— Ne t'en fais pas, répondit-elle. Un jour, nous
échangerons un vrai baiser.

Elle coucha sa tête sur l'oreiller et s'endormit,
sans doute assommée par ce poison qu'on lui
avait fait ingurgiter. Pour la première fois en cinq
ans, elle n'irait pas travailler. Son patron la mena-
cerait de licenciement en lui parlant des centaines
de petites filles qui seraient heureuses de prendre
sa place. Mais ce soir, cela lui était égal.

☆ ☆ ☆

Lucy dormit jusqu'à midi.

Ed et Harry se regardèrent à peine au petit-
déjeuner. Finalement, Ed brisa le silence et expliqua comment il avait retrouvé Lucy, confessant
même le délicieux baiser auquel il avait eu droit
avant de se coucher. Ce dénouement réjouissait
Harry, qui tenait beaucoup à ses deux amis. Il
était d'ailleurs enchanté que ceux-ci s'aimaient
plus que comme des amis.

Harry ne pouvait tout de même pas fêter son
premier spectacle qui, sans avoir été un grand
fiasco, n'avait pas été un succès éclatant non plus.

La disparition de Lucy avait jeté le discrédit sur ses capacités de magicien et gâché le coup d'éclat final. Les gens de la rue, qui ne faisaient que rapporter ce qu'en disaient ceux qui avaient vu le spectacle, ne parleraient pas autant des tours réussis que de la finale ratée. Ils se moquaient de l'embarras du magicien.

Harry partit tout de même la tête haute pour tenter de nouveau de trouver monsieur Silverman. Ed, lui, continuerait à veiller sur sa belle dormeuse. Il comptait par la suite prendre son courage à deux mains et aller informer Bull de la situation. Il était clair à son avis que le clan des Chinois – peut-être ceux aperçus dans l'assistance ? – était derrière l'enlèvement de Lucy, ce qui mettrait sûrement le chef de bande en rogne.

Lucy devait quant à elle se reposer, car elle assisterait une nouvelle fois le magicien dans son spectacle ce soir et aurait ensuite à faire son quart de travail à la blanchisserie.

☆ ☆ ☆

Harry arpentait ces rues qu'il commençait à connaître de plus en plus lorsqu'il huma une odeur qu'il avait bien connue plus jeune à Budapest : celle des cornichons.

— Des cornichons, c'est bon ! criait un vieux Chinois. Deux pour un cent ! Profitez-en ; il n'y en a qu'un baril !

111

— J'en voudrais quatre, s'il vous plaît, demanda Harry.

— Voilà ! Cela fait deux cents, merci.

Il croqua à pleines dents dans un premier cornichon : délicieux. Il ne s'agissait pas de la pâle imitation de l'industrie américaine, mais bien du véritable cornichon casher de Hongrie qu'il connaissait si bien. Ce condiment ne pouvait venir que d'une seule personne : Robert Silverman, qui n'était certainement pas ce Chinois qui le lui avait vendu. Harry s'éloigna tout en gardant à l'œil le marchand ambulant. Il emballa ses trois derniers cornichons dans un papier et suivit le vendeur qui se dirigea lentement vers le quartier chinois. Les cornichons se vendaient peu et la plupart des clients firent la grimace à cause du vinaigre dans lequel ils étaient marinés. Seuls quelques rares connaisseurs surent apprécier le produit.

L'odeur du port de mer monta aux narines de Harry. Cette eau sale récoltait tous les résidus des bateaux et de la ville. Faute de quai, aucun gros bateau n'arrivait par cette portion de la rive. Par contre, des petits chalutiers et des barques contournaient les douanes pour apporter à terre des marchandises de contrebande comme l'opium.

Mais il existait bien d'autres commerces dans le port.

Le kidnapping de riches immigrants était un *racket* payant. Les gangs chinois maquillaient leurs embarcations en bateaux de pêche. S'ils se faisaient prendre par les garde-côtes, ils se réclamaient du droit à la subsistance en disant qu'ils s'en allaient pêcher. Mais le «poisson» qu'ils avaient pris trois jours auparavant portait une kippa et était trop bien habillé pour un passager de seconde classe : il s'agissait de Robert Silverman.

À peine descendu à Castle Garden, l'homme d'affaires hongrois avait été emmené pour un «examen médical approfondi». Les voyous savaient que les gens riches gardaient souvent leurs richesses cachées sur leur personne. Évidemment, quand les kidnappeurs découvrirent la ceinture de monsieur Silverman, ils furent certains d'avoir frappé le gros lot. Ils pressèrent leur otage de leur donner les noms de ceux qui l'attendaient à New York afin de pouvoir demander une rançon. Ils se disaient que seuls des gens habitant la Cinquième Avenue ou les quartiers chics étaient susceptibles d'héberger quelqu'un qui avait une façon si particulière de se «serrer la ceinture» avec des billets de banque roulés serrés.

Les Chinois n'auraient jamais pensé que le reste de la richesse de leur prisonnier se trouvait dans le double fond du baril de cornichons qu'un homme de main était allé vendre sur la rue. De plus, s'ils avaient su que la seule connaissance de monsieur Silverman dans la ville n'était qu'un simple magicien de rue, le pauvre homme se serait retrouvé dans la rivière Hudson les chaînes aux pieds.

Harry suivit le baril et son porteur jusqu'à une ruelle encombrée de meubles et de pièces de carrosse et de charrue, tout un bric-à-brac de métal et de bois qu'on aurait pu croire abandonné. La bâtisse où le vendeur ambulant venait de pénétrer était faite de bois et comportait deux étages et un sous-sol. La maison était adossée à une autre construction semblable d'un côté tandis que, de l'autre, un étroit passage entre deux bâtiments permettait d'aller à l'arrière de la maison. Cette ouverture était en fait un accès à l'eau. Harry comprit vite qu'il s'agissait d'un repaire de contrebandiers. Quand il regarda à l'intérieur par l'une des vitres sales, il ne vit que des ombres. La langue lui était étrangère. Soudain, un homme qui s'exprimait avec un fort accent hongrois réclama à manger.

— Tu mangeras quand tu nous auras dit qui t'attend à New York, lui répondit un homme à l'accent chinois.

— Je vous ai déjà dit que le fils d'un ami de Budapest m'attend pour m'emmener au Wisconsin. Il n'a que quatorze ans et sa famille n'est pas fortunée.

— J'aimerais bien examiner sa ceinture, à ce jeune garçon… s'exclama un des kidnappeurs.

Harry sourit : il portait des bretelles.

13
Pour sauver Robert Silverman

Lucy et Ed écoutèrent avec attention le récit de leur ami. Ed apprécia très moyennement les cornichons tandis que Lucy grimaça après en avoir goûté un.

— Vous en aurez un baril plein si vous m'aidez à sauver monsieur Silverman.

La récompense n'emballait pas les colocataires du magicien. Ils n'hésitèrent pourtant pas à prêter main-forte à leur ami. Lucy connaissait le Chinatown, mais n'y habitait pas car elle avait peur de certains de ses congénères. Elle accepta pourtant d'aller y faire du repérage selon les indications de Harry. Ni lui ni Ed ne pouvaient l'y accompagner en plein jour sous peine de représailles sérieuses de la part du clan chinois, du fait qu'ils se trouveraient en compagnie d'une des leurs.

Lucy s'habilla sobrement pour passer inaperçue. Plusieurs passants la remarquèrent néanmoins parce qu'on ne la voyait jamais dans le Chinatown. Et que dire encore sur ses magnifiques yeux verts ?

L'adresse donnée par Harry mena Lucy à un bâtiment qui avait un commerce de brocante en façade et un autre de contrebande en arrière-cour. Lucy connaissait ce genre de maison bâtie en partie au-dessus de l'eau, où une portion du sous-sol était inondée et servait de quai. Il était ainsi plus facile de transborder de la marchandise illicite. À son avis, monsieur Silverman pouvait être retenu prisonnier à l'étage ou dans la partie sèche du sous-sol. Elle ne se sentait pas l'âme d'une espionne ni d'une fouineuse et elle éprouvait encore des nausées en raison de son intoxication de la veille. Lucy rentra donc à l'appartement pour dormir une heure avant le spectacle du soir. Elle retournerait sur les lieux plus tard dans la nuit avec ses deux complices pour poursuivre ses recherches.

☆ ☆ ☆

En ce deuxième soir de représentation, le spectacle du magicien Houdini se déroula sans anicroche. Cette fois-ci, deux acolytes de Bull montaient la garde afin d'assurer la sécurité de Lucy. Pour Harry, une personne devenait vraiment célèbre quand seul son nom de famille suffisait à l'identifier. Pour l'instant, l'affiche à la porte du bar annonçait : « Bière et alcool, spectacle de sang et magie. » Mais le bouche-à-oreille faisait son œuvre et le nom de Houdini commençait à circuler. Bull, le tenancier, savait que le petit magicien profitait bien à ses affaires.

Le spectacle terminé, les trois amis se glissèrent dans la nuit en direction du quartier chinois. Ils formaient à eux trois sans le savoir le problème et la solution de New York : trois personnes d'origines différentes vivant et travaillant ensemble.

Ed et Harry s'étaient légèrement noirci le visage au charbon. Avec sa casquette de cheminot, Harry pouvait passer pour un travailleur du chemin de fer, alors que son compagnon ressemblait simplement à un rouquin malpropre. Celui-ci regardait partout comme un touriste tandis que le magicien guettait avec prudence ses arrières pour s'assurer qu'on ne les repère pas.

Avant de partir, les trois amis avaient convenu de quelques signes faciaux pour communiquer en silence :

«Ne bouge pas» se traduisait par des clignements répétés des yeux.

Une joue gonflée à gauche indiquait qu'on allait passer à l'action, tandis qu'une joue gonflée à droite voulait dire que l'action allait être retardée.

Des yeux qui se promenaient de haut en bas signifiaient une réponse positive. Une réponse négative s'exprimait par des yeux qui allaient de gauche à droite.

Les ennemis étaient recensés par des clins d'œil, à gauche ou à droite selon l'endroit où ils se trouvaient.

Finalement, le nez retroussé impliquait une fuite précipitée : on déguerpit.

Tous ces signes inspirèrent Ed qui demanda quel était celui pour dire «je t'aime». Lucy lui répondit en lui envoyant un baiser. Harry proposa un dernier signe qui signifierait que tout allait bien et que la police arrivait pour prêter main-forte : il fallait sourire en coin du côté droit tout en faisant un clin d'œil du côté gauche.

— C'est impossible ! répondirent en chœur Lucy et Ed qui venaient d'essayer la grimace.

— Justement : impossible ! les taquina Harry en riant.

Les trois amis marchèrent un long moment en silence.

— C'est encore loin ? chuchota Ed.

— Un coin de rue, répondit Lucy sans modérer sa voix.

— Chut ! Chut ! paniqua Ed qui devenait un peu paranoïaque.

Lucy lui envoya un nouveau baiser, ce qui eut un effet instantané : le garçon se calma sur-le-champ.

Le groupe arrivait à destination. Harry gonfla sa joue gauche : on pouvait s'approcher. Il se dirigea vers le côté de la maison sans faire le moindre bruit, selon une technique qu'il s'était inventée. Le magicien l'utilisait en outre pour circuler derrière la scène pendant ses spectacles sans se faire remarquer par son public qui le croyait toujours enfermé dans un coffre. Ed, qui avait renoué avec l'art du cambriolage tout récemment, fit son approche en douceur, aux côtés de Lucy, qui mit le nez à la fenêtre et espionna. Étant la seule à comprendre le mandarin, les garçons lui avaient demandé de prêter une oreille attentive à ce qu'on disait à l'intérieur.

— «Va me chercher à manger...»

— Quoi? Tout de suite? Là? murmura Ed.

— Je traduis, gros bêta! ricana-t-elle avant de reprendre. «On peut le laisser là pour la nuit et aller au restaurant où il y a une jolie serveuse.»

— Alors, ils s'en vont ou pas? demanda Harry.

Il avança sur une planche qui craqua. Ed voulut le retenir et s'avança lui aussi. La planche cassa net dans un bruit terrible à l'oreille des conspirateurs alors que, en réalité, il n'aurait pas réveillé une souris qui dort.

Lucy écoutait toujours, mais plus aucun son ne provenait de la maison. Le bruit avait-il alerté les bandits? Avaient-ils fui? Le trio attendit. Une seconde, deux secondes, trois secondes, dix secondes... Puis on entendit des voix devant la maison. Les Chinois s'en allaient: ils avaient finalement décidé d'aller voir la jolie serveuse. Les trois amis respirèrent un peu mieux.

Si Broadway et le quartier financier étaient éclairés depuis quelques années, ce n'était pas le cas du quartier chinois. Il y faisait aussi noir qu'au plus profond de la forêt. Harry et ses amis devaient se guider au toucher. Ils avancèrent le long de la maison, mais ne purent tourner le coin car une clôture leur barrait la route jusqu'à l'eau.

— Tu n'as qu'à marcher sur l'eau...

L'idée venait d'Ed, inspiré par son éducation catholique. Harry confia son manteau et sa souris à Lucy, éberluée devant son ami qui semblait vouloir suivre la suggestion du gros Irlandais. Il s'approcha de l'eau et mit le pied sur une large pierre, submergée d'un pouce à peine. Accroché à la clôture, le magicien fit quelques pas. Soudain, il cala jusqu'aux genoux.

La clôture avançait d'une dizaine de pieds dans l'eau, ce qui avait sans doute pour but de décourager tout individu simplement curieux. Mais Harry avait une mission : il devait libérer monsieur Silverman. Il s'attacha donc une corde à la taille et tendit l'autre bout à Ed, au cas où il aurait à se faire ramener d'urgence sur la terre ferme. Harry nageait plutôt mal, mais il était capable de retenir sa respiration. Il se concentra quelques instants, puis prit son souffle avant de plonger sous l'eau et de passer sous la clôture. Ed et Lucy furent soulagés de le voir émerger de l'autre côté, où la rive était aménagée en forme d'escalier et se terminait en palier.

Harry se rendit à une porte qui n'était pas verrouillée. Une porte de garage adjacente descendait jusqu'au niveau de l'eau… Tout était silencieux. Se pourrait-il que ce soit aussi simple ? Harry entra à l'intérieur sans problème. Mais sitôt franchi le seuil, il trébucha sur des cannes à pêche et des caisses. Harry se ressaisit aussitôt, espérant n'avoir alerté personne.

Soudain, il entendit une voix teintée d'un fort accent hongrois demander :

— Qui est là ?

— Monsieur Silverman ? C'est moi, Harry… euh… Ehrich Weiss ! Je suis venu vous libérer.

L'homme cria sa joie et remercia sans arrêt, l'émotion dans la voix, ce jeune garçon qu'il rencontrait pour la première fois, occupé pour sa part à lui détacher les liens.

— Savez-vous nager ?

— Non… Mais il faut apporter mon baril de cornichons.

Harry pensa un moment sortir simplement par la porte de devant. Mais après avoir entendu des voix au rez-de-chaussée, il changea bien vite d'idée. Il attacha la corde d'Ed autour de monsieur Silverman et fouilla ensuite le sous-sol à la recherche du baril qui l'avait conduit jusque-là la veille. Monsieur Silverman en avait-il besoin comme objet de flottaison ou refusait-il de gaspiller d'aussi bons condiments ? Son odorat le guida vers le dessous de l'escalier, où il repéra le précieux baril. Après l'avoir remis à son propriétaire légitime, Harry le pressa vers la porte arrière.

Monsieur Silverman descendit les marches. Il avait de l'eau jusqu'au milieu du ventre lorsque Harry lui demanda de tirer deux coups sur la corde qu'il lui avait attachée à la taille. Quand Ed reçut le message, le roi des cornichons fut propulsé vers l'avant et submergé dans l'eau glacée. Il sortit la tête de l'eau, enveloppa des bras son baril et se laissa tirer jusqu'à la rive.

Harry s'apprêtait à le suivre lorsqu'il remarqua une lumière flotter au large. Un bateau approchait à vive allure. En se tournant vers Ed et Lucy, il vit que ses deux amis troussaient le nez : il fallait décamper maintenant. Mais ne souhaitant pas compromettre son rescapé, Harry décida de s'en séparer. Alors que monsieur Silverman arrivait auprès d'Ed et de Lucy, le magicien retourna dans la maison au moment même où deux hommes descendaient du rez-de-chaussée. Décision, vitesse d'exécution : les secrets de l'illusion... Harry se glissa dans l'eau du bassin intérieur qui donnait sur les portes de garage. Personne ne l'avait vu. Alors qu'on constatait la disparition de monsieur Silverman, le bruit d'un petit moteur résonna tout près.

La seule issue possible se trouvait sous la porte du garage maritime. Le garçon se laissa couler jusqu'au fond de l'eau. Mais se déplacer sous l'eau sans les poids des scaphandriers n'est pas plus facile que de rester à flot pour qui ne sait pas nager. Harry s'agrippa au rebord en pierre du bassin, se forçant à demeurer submergé. Les malfaiteurs, qui étaient juste au-dessus de lui, ouvrirent la porte. Quand le bateau entra, Harry sentit les remous de la petite hélice qui passa tout juste au-dessus de sa tête. Les hommes du bateau annoncèrent aux autres qu'ils avaient vu au loin un jeune garçon entrer dans la maison. Il était temps de partir : alors que les portes commençaient à se refermer, Harry se faufila à l'extérieur. L'opération avait pris moins de deux minutes.

Lorsqu'il avait fait des tests pour savoir combien de temps il pouvait tenir sous l'eau, son frère Théodore tenait le chronomètre et Harry pouvait remonter n'importe quand. La situation actuelle était complètement différente. Non seulement il ne pouvait pas dire combien de temps il avait déjà passé sous l'eau, mais encore ne pouvait-il pas émerger où et quand il le voulait. Il s'accrocha aux marches de pierre extérieures et sortit finalement la tête pour respirer, près de quatre minutes après avoir pris son souffle. Heureusement, les ravisseurs étaient toujours à l'intérieur à la recherche de leur intrus.

Il entendit des cris provenant de la maison. Il ne fallait surtout pas rester là.

14
Seul sur l'affiche

Robert Silverman, Lucy et Ed se retrouvèrent *au cinquième,* comme les trois jeunes amis disaient, en référence à la prestigieuse Cinquième Avenue où ils n'habiteraient jamais. Mais Harry manquait à l'appel. Monsieur Silverman, lui, cherchait un récipient propre pour y verser le contenu de son baril. Alors qu'Ed et Lucy s'inquiétaient pour leur ami, celui qu'ils avaient sauvé semblait se préoccuper davantage de ses cornichons !

Après avoir déversé les condiments dans une chaudière que lui avait trouvée Ed, le Hongrois entreprit de décoincer le fond du baril avec un couteau. Lorsqu'il y arriva enfin, une profusion de liasses de billets apparut. Les deux jeunes n'avaient jamais vu autant d'argent ! Voilà pourquoi monsieur Silverman tenait tant à son baril : il y trimballait une véritable fortune !

Ed s'en voulait beaucoup d'avoir laissé Harry derrière. Lorsque monsieur Silverman était sorti de l'eau, Ed et Lucy s'étaient empressés de conduire le rescapé hors de danger au plus vite.

Après tout, leur ami était magicien. Il saurait se débrouiller.

Ils étaient rentrés à leur appartement pour y attendre, non sans anxiété, le retour de Harry. Monsieur Silverman tenta de réconforter les deux jeunes amis en leur offrant un cornichon de son baril. Quand l'escalier de métal tomba sur le sol, Ed et Lucy surent que leur compagnon était revenu. Harry se présenta peu après dans le cadre de la porte et fut accueilli par ses amis qui, fort soulagés, l'étreignirent de joie.

Harry était mouillé et tremblait de froid. Après s'être changé dans sa chambre, il revint dans la cuisine. C'est alors que monsieur Silverman remit à chacun des héros deux billets de dix dollars. L'homme qu'ils avaient sauvé était très heureux de la tournure des événements. Une heure auparavant, sa vie était menacée. Maintenant, tout ce qu'il avait à faire, c'était de décider s'il resterait en Amérique ou s'il retournerait en Europe. S'il choisissait la première option, il lui faudrait régulariser sa situation. N'étant pas passé par les douanes à son arrivée, il séjournait donc illégalement en terre d'Amérique. Mais s'il retournait dans son pays natal, cela impliquerait de nouveau plusieurs semaines de mal de mer...

Lucy, qui devait aller travailler malgré tout, offrit son lit à monsieur Silverman. Ed s'interposa pour lui céder le sien, disant que, ainsi, leur invité pourrait dormir plus longtemps. Il préférait qu'aucun autre homme que lui ne partage le lit de Lucy, même si elle n'y était pas.

L'idée se révéla excellente, car monsieur Silverman semblait ne jamais vouloir se réveiller. Au matin, Ed alla acheter des œufs, des pommes de terre et du jambon et prépara le déjeuner. Monsieur Silverman étant, comme Harry, de confession juive, Ed hérita de tout le jambon. Le jeune gourmand ne comprenait pas pourquoi les Juifs ne mangeaient pas de cette délicieuse viande, mais il ne s'en plaignait pas. Il offrit un peu de ses pommes de terre en compensation. De la part d'un Irlandais, cela constituait un vrai signe d'amitié !

☆ ☆ ☆

Bull avait convoqué Harry pour trois heures de l'après-midi. Le magicien se demandait quelle était la raison de ce nouveau rendez-vous. Son spectacle déplaisait-il au patron ? Mais cela ne l'inquiétait guère. Il avait confiance en lui-même et savait que Bull faisait de l'argent avec sa prestation.

Le caïd avait en fait une proposition à lui faire, une proposition qu'il ne pouvait refuser. Bull était propriétaire d'un autre local qui, avec beaucoup d'imagination et de travail, pourrait être aménagé en salle de spectacle. Il s'agissait d'une ancienne écurie, celle-là même qui se trouvait au rez-de-chaussée du refuge de Big Mamma. Bull lui demanderait un loyer de vingt dollars par mois, payable d'avance. Toute amélioration serait à la charge de l'occupant, et tout défaut de paiement entraînerait simplement son expulsion.

Harry savait que les gens du quartier étaient trop pauvres pour venir encourager un magicien qui rêvait de faire disparaître sur scène un éléphant. Comment attirer alors les spectateurs plus fortunés dans le quartier ? Si seulement le tout nouveau tramway électrique de la ville venait jusqu'à « son » théâtre ! Il prit sa décision sur-le-champ. Après négociations, il obtint un mois gratuit pour remettre la salle en état. Les deux billets de dix dollars que lui avait donnés monsieur Silverman servirent pour régler le loyer du mois suivant. Enfin, Harry emprunta dix dollars à Ed pour racheter à Bull son matériel de magie, en lui promettant de lui remettre le triple de cette somme.

Le déménagement du matériel, à trois rues seulement de l'endroit où il avait donné ses premiers spectacles, se fit sous bonne escorte : une cinquantaine d'enfants accompagnèrent Harry, applaudissant, chantant son nom et lui réclamant des petits tours de magie. Cela donna une publicité très locale au futur Théâtre Magique, ainsi que le magicien l'avait baptisé. Bien sûr, cette parade n'avait rien de comparable aux vingt et un éléphants qu'on avait promenés sur le pont de Brooklyn quelques années plus tôt avant de déclarer le pont sûr. Les journaux en avaient alors abondamment parlé, de cet événement. Comment faire pour que la presse s'intéresse à lui et à son nouveau théâtre, à présent ? Harry eut une idée de génie : il allait les inviter au spectacle. « Les journalistes du *New York Times* seront si éblouis qu'ils ne pourront faire autrement que d'en parler », pensa-t-il. Mais d'abord, il fallait attendre que le spectacle soit bien rodé…

☆ ☆ ☆

Les enfants de Big Mamma, désœuvrés et intrigués, l'aidèrent à aménager le nouveau Théâtre Magique. Pour les remercier, Harry les invita à assister gratuitement à son premier spectacle. Il n'aurait jamais eu les moyens de payer cette main-d'œuvre qui balayait, lavait, astiquait le moindre recoin de ce qui allait également devenir leur salle de jeux durant la journée. Les plus vieux et les plus habiles construisirent la scène et les coulisses sous la direction d'Arthur, un apprenti menuisier qui réalisa ainsi son premier chef-d'œuvre.

Les enfants fabriquèrent par ailleurs des nattes de paille qui serviraient de sièges pour les spectateurs. Comme la scène n'était pas très haute, il fallait des sièges bas pour que le public ne manque rien du spectacle.

Harry élabora de nouveaux numéros. Le plafond étant plutôt élevé, il pouvait faire appel à la pyrotechnie : des gros pétards qui produisaient beaucoup de bruit, de feu et de fumée. «Bull ne pourra l'interdire dans *mon* théâtre», se réjouissait-il.

Trois semaines plus tard, Harry monta lui-même à l'échelle pour peindre son affiche :

«Le Théâtre Magique de Harry Houdini»

Le soir même, la générale eut lieu devant un public gagné d'avance. Parmi l'assistance, il y avait Big Mamma et tous ses enfants, Bull et ses deux gardes du corps, de même que monsieur Silverman qui devait partir sous peu pour Appleton, ayant finalement décidé de rester en Amérique. Il y avait également un spectateur inconnu du magicien : un vieil homme très digne et fort élégamment vêtu qui avait insisté pour payer son droit d'entrée de un dollar et qui, malgré tout, resta debout au fond de la salle durant tout le spectacle. Avec sa barbe et son chapeau haut-de-forme, il ressemblait beaucoup à Abraham Lincoln, le président américain qu'on avait assassiné dans un théâtre une vingtaine d'années auparavant.

Le spectacle se déroula au-delà de toutes les espérances de Harry.

Le magicien fit disparaître son assistante, Lucy, et la fit réapparaître cette fois, au grand soulagement d'Ed. Il présenta ensuite Tina en saluant d'un large geste de la casquette, la souris étant à l'intérieur. Il plaça ensuite la petite bête dans une petite roue d'exercice, montée sur une table. Sur la scène, on pouvait voir une roue de même apparence, mais beaucoup plus grosse, conçue pour les humains.

— Me croiriez-vous si je vous disais que ma souris Tina est aussi forte qu'un cheval?

— Nooon! crièrent les enfants.

— Regardez-la bien actionner sa petite roue qui est reliée à cette *grande* roue. Sera-t-elle capable de l'activer? Montre-nous, Tina!

Et la souris s'exécuta, d'abord lentement, alors que la grande roue jumelle démarrait en douceur, puis plus rapidement à mesure que la première prenait de la vitesse.

— *Stop!* ordonna Houdini.

Les deux roues s'immobilisèrent en même temps. Alors qu'on applaudissait déjà, le magicien se posta dans la grande roue et s'agrippa ferme aux barreaux.

— Vas-y, Tina!

Et la souris recommença pendant que lui, sans bouger ses pieds, tournait dans la roue géante. La roue arrêta alors qu'il avait les pieds au plus haut point et la tête en bas.

— Encore un petit effort, Tina ! l'encouragea-t-il.

La souris mauve fit quelques pas qui sem-blaient pénibles et ramena son maître dans le bon sens.

Dans un autre numéro, Harry se fit attacher et enfermer dans une boîte, après avoir fait tes-ter la solidité du matériel par un spectateur. Le public fut aveuglé quelques secondes par une explosion et un nuage de fumée. Bientôt, on put voir le magicien les deux pieds *sur* la boîte, alors que c'est son assistante qui se trouvait enfermée dans la boîte, les poignets liés.

Le jeune Houdini s'amusait comme un fou. Il prit un grand drap blanc qu'il promena entre les rangs pour le faire voir et toucher à tout le monde. Puis il demanda à son assistante de l'aider à le plier.

— J'ai beau être magicien, plier des draps tout seul dépasse mes compétences.

Une fois l'étoffe bien pliée en un petit carré, il fit monter deux spectateurs sur scène pour la déplier.

— Mais... qu'avez-vous fait de mon drap ? leur demanda-t-il.

Les spectateurs constatèrent que le drap imma-culé s'était transformé en drapeau américain !

Le spectacle fut chaudement applaudi par un public fier d'y avoir participé. Harry eut droit à une chaude accolade de Big Mamma qui avait les larmes aux yeux de voir un de ses protégés réussir ainsi. Le garçon était impatient de recueillir les commentaires du seul spectateur payant, mais l'homme avait disparu en ne laissant à la place qu'il avait occupée qu'un chapeau haut-de-forme digne d'un magicien, digne d'un président... Un superbe couvre-chef, parfait, n'eût-ce été des trous de balle qui le traversaient...

15
Mort de Bull

La nouvelle fit le tour du quartier bien avant que l'encre des journaux n'ait eu le temps de sécher : « Bull est mort ! Le protecteur n'est plus ! » criait-on dans les rues. Bull avait toujours aimé se faire appeler « le protecteur », car c'est d'abord ainsi qu'il se considérait. Qu'il en tirât un bénéfice n'importait guère, semblait-il. Il protégeait tous ces enfants d'Irlande du malheur bien plus grand qui les guettait : l'asservissement au service de ses ennemis jurés, les Italiens, ou, pire encore, leur perte aux mains des Chinois ou des Noirs. Il avait réussi durant son court règne dans les rues de New York à maintenir la discipline et à assurer la sécurité de son clan.

Certains se rappelleraient de lui comme d'un dur qui cognait fort, ce qu'il n'hésitait pas à faire quand besoin s'en faisait sentir. Mais le mythe qu'il entretenait autour de sa personne suffisait normalement à garder ses obligés, qu'il appelait « mes chéris », dans le droit chemin.

Des bagarres de territoire avec les autres gangs se déclaraient régulièrement parce que les frontières bougeaient. Il arrivait également que des petits durs tapent quelqu'un uniquement pour impressionner Bull et se faire engager par lui. D'un autre côté, Bull ne prenait pas à son service des jeunes qui avaient déjà tué sans raison valable car, selon ses dires, la mort semait le désordre. Il lui fallait des gardiens qui puissent mesurer leurs coups et des employés qui n'embêtent pas inutilement les policiers.

Bull n'oubliait jamais que, si les Irlandais constituaient l'essentiel de sa main-d'œuvre, ils formaient également la base de sa clientèle. Et le goût pour la fête des Irlandais était très lucratif pour lui. Il aurait aimé attirer la clientèle des quartiers riches à son casino et dans ses bordels. Les riches, même s'ils avaient un féroce appât du gain, utilisaient les méthodes connues du commerce légal et prenaient peu de risques avec les garçons de rue.

Bien sûr, le *business* continuerait sans Bull, mais la «part du lion» ne serait plus versée au protecteur. Qui empocherait maintenant? La police craignait des désordres maintenant qu'elle ne recevrait plus sa part. Comment motiver des policiers à qui l'on ne verserait plus de «prime»? Tous se posaient les mêmes questions: Qui donc succéderait à Bull? Qui serait le nouveau patron du quartier, le protecteur?

Un Français du nom de Pierre Leduc et dont la mère était Irlandaise se manifesta et se présenta comme le nouveau patron du secteur. Il avait trente ans et ne vouait pas la même affection que Bull pour « ses petits gars ». Leduc n'était attaché qu'à l'argent. Contrairement à Bull, qui devait son surnom à son cou de taureau, le nouveau chef était grand et maigre avec une pomme d'Adam proéminente, de longs membres et des mains disgracieuses. Pour ajouter à ce corps repoussant, le pauvre homme était affublé d'un terrible bec-de-lièvre. Mais ce qu'il manquait en beauté, il le regagnait en double en termes d'assurance et d'autorité. Personne ne contesta sa prise en charge rapide des affaires du secteur.

Leduc s'installa dans le bureau de Bull et congédia un des deux gardes du corps, puis le remplaça par un rude gaillard de vingt ans aux manières grossières.

La rumeur courait que le coffre de Bull – cette fameuse caisse dans laquelle il gardait les cotisations – avait disparu. Le symbole de la richesse de l'ancien patron avait été soustrait à la rapacité du nouveau. Et la chasse au trésor avait commencé. Les policiers qui enquêtaient sur la mort de Bull avaient bien sûr fouillé son appartement. Dans la rue, on avait mandaté de jeunes enfants pour scruter les poubelles. On ne trouva rien.

Les funérailles de Bull eurent lieu à l'église Saint-Patrick, nom donné en l'honneur du patron spirituel des Irlandais. Le prêtre était bien au courant des activités peu catholiques du défunt, étant lui-même un de ses fidèles clients. Comme la mort lave tous les péchés, et même si Bull ne venait pas souvent à la messe, le curé McKenna ne manqua pas de vanter les mérites du disparu.

— Nous sommes réunis en ce triste jour pour accompagner notre parent ou notre ami, William John O'Hara, que nous appelions affectueusement Bull, vers son dernier repos. Que notre Seigneur l'accueille près de lui !

Quelqu'un ajouta assez fort pour être entendu dans le silence de l'église :

— Et qu'il y ait du poker au ciel !

Quelques voyous éclatèrent de rire, mais le prêtre ne releva pas. La cérémonie se poursuivit sans autres interruptions si ce n'est quelques ronflements sonores qui résonnaient fort bien à cause de l'acoustique exceptionnelle, suivis des ronchonnements de quelqu'un qu'on a réveillé brusquement. À cause de l'assistance nombreuse, le curé McKenna brûlait d'impatience de compter les produits de la quête, car sa dernière partie de poker l'avait laissé particulièrement à sec. La procession quitta l'église pour se rendre au ferry-boat, car on n'enterrait plus les morts à Manhattan depuis plusieurs années.

Les macchabées prenaient la route du Queens. L'assistance tomba de quelques centaines à seulement trois personnes : le prêtre et deux enfants de chœur.

☆ ☆ ☆

Les affaires sont les affaires et le spectacle doit continuer. À peine Bull était-il parti qu'une foule d'hommes de main potentiels, de flagorneurs et de flatteurs faisaient la file devant Pierre Leduc. Ces courtisans serviles usaient de toutes les bassesses pour garder leur position dans la petite société du New York irlandais. Leduc méprisait de tels personnages qu'il considérait comme de simples exécutants. Malgré tout, il prenait ses précautions : il portait toujours un couteau de bonne dimension à la ceinture du côté gauche et un pistolet du côté droit. Et contrairement à son prédécesseur, il n'avait aucun problème de conscience à engager des tueurs.

Un conglomérat de riches hommes d'affaires qui contrôlaient *réellement* les quartiers s'était aperçu que les terrains du sud de Manhattan occupaient une position stratégique et étaient destinés à prendre beaucoup de valeur. Il fallait donc déloger ceux qui y avaient élu domicile, ceux qui ne s'étaient pas intégrés convenablement à la société américaine, pour les remplacer par des locataires qui rapporteraient beaucoup plus.

Quand le terrain vaut plus cher que l'édifice qui est bâti dessus, il faut démolir et vendre le terrain. Mais qui aurait bien pu vouloir acquérir un terrain dans le quartier de Five Points avec un million de pauvres tout autour?

Le creusement du canal Érié au début du siècle avait nécessité l'embauche de neuf mille personnes, dont plusieurs provenaient de ces quartiers défavorisés. Ces personnes s'étaient déjà établies ailleurs. Mais à part le travail insuffisant pour tout le monde, qu'est-ce qui pourrait inciter des pauvres à déménager? Des logements moins chers, bien sûr. Comme plusieurs occupants ne payaient aucun loyer, alors il suffisait d'aller les collecter. N'ayant pas d'argent, ils n'auraient donc d'autre choix que de vider les lieux.

Le nouveau patron envoya un de ses messagers au Théâtre Magique et chez Big Mamma. Il fallait presser le citron et augmenter les revenus. Le messager mesurait six pieds et pesait près de deux cent cinquante livres. Il n'était pas très athlétique, mais sa masse impressionnait. Il avait les cheveux bruns et sales. Ed l'accueillit sèchement à l'entrée du théâtre et alla chercher Harry dans les coulisses. Le magicien en profita pour se frotter les mains avec une substance qu'il venait de se procurer, après les avoir enduites d'une huile de table. Le malabar s'était posté au-devant de la scène. Harry s'avança vers lui et lui tendit la main, que l'autre serra avec force pour montrer qui dominait la situation. Harry jubilait intérieurement, mais ne montra pas son plaisir. Assis sur le bord de la scène, il était à la même hauteur que son vis-à-vis, debout en face de lui.

— J'irai payer le propriétaire en personne, à la fin du mois, coupa Harry.

— Je vous informe également que le loyer passera de vingt à quarante dollars.

— Je suis maintenant bien informé, répondit-il, sans expression aucune.

Les deux se dévisagèrent un moment, jusqu'à ce que le fier-à-bras lui demande le chemin pour aller chez Big Mamma. Harry fit exprès pour lui indiquer le chemin le plus long : il devait sortir par le devant du théâtre et aller vers l'entrée secondaire dans la ruelle, plutôt que de passer par les coulisses qui offraient une entrée directe. Le magicien donna ainsi le temps à Lucy de monter dire à Big Mamma de ne pas donner la main à l'homme envoyé par le nouveau patron.

Le costaud était le pire des bigots. Il n'aimait pas les vieux ; il n'aimait pas plus les femmes ; et il détestait les membres du clan des Noirs. Malheureusement pour lui, Big Mamma était tout cela à la fois. En l'apercevant, il lui signifia aussitôt, un sourire sadique aux lèvres, qu'elle devrait dorénavant verser un loyer de quarante dollars par mois, ce qui comprenait la protection. Elle protesta, disant que Bull lui laissait le local pour rien car il savait qu'elle accueillait les plus déshérités du quartier.

— Bull est mort, fut l'unique réponse de l'envoyé.

Big Mamma était triste et abasourdie. Non seulement avait-elle perdu un mécène, mais aussi le privilège d'un local qu'elle partageait avec ceux qu'elle aimait. Bull avait toujours été bon pour elle. Dans les périodes creuses, il envoyait ses gardes avec des denrées pour son « petit monde ». Mais il avait insisté afin que sa générosité reste anonyme pour ne pas perdre sa réputation de dur.

Harry et Ed vinrent consoler la matrone.

— Vous ne lui avez pas donné la main au moins ? s'informa le magicien.

— Bien sûr que non ! Pourquoi me demandes-tu ça ?

☆ ☆ ☆

Le messager de Leduc s'en retournait chez son maître. La sueur ne cessait de lui couler sur le front ; il se passa la main dans la figure. Une oreille se mit à lui piquer, il se gratta. Quand il bâilla, il mit sa main sur sa bouche comme le lui avait enseigné sa mère.

Les passants le regardaient d'une drôle de façon. À son arrivée au bureau, Leduc l'accueillit par un grand éclat de rire.

— Mais qu'est-ce qui t'arrive? T'es-tu vu?

— Justement, non.

— Va te voir dans le miroir de la salle de bain.

Quand il se regarda dans la glace, il crut avoir la berlue. Son visage était tout taché de bleu. En portant les mains à son visage, il constata que ses paumes étaient également bleues. Quelque part, un magicien trouvait la blague hilarante: Harry Houdini lui avait glissé à la main une poudre qui tache la peau d'un bleu éclatant. La couleur finissait bien par partir après plusieurs lavages, mais la brute qu'il était ne se lavait pas souvent…

16
Guerre de gangs

Des échauffourées eurent lieu entre les Irlandais et les Italiens, puis entre les Italiens et les Chinois, puis entre les Chinois et les Autres. Les Russes et les Polonais, moins nombreux à l'époque, n'intervenaient pas. Ils se contentaient de soutenir le plus fort après qu'il eut gagné. Les Noirs étaient neutres, mais ne se gênaient pas de chanter leur joie de voir les autres clans se massacrer.

Les affrontements des premiers jours furent surtout des démonstrations de force. Une vingtaine de jeunes hommes aux cheveux noirs, des costauds avec des bâtons à la main, descendirent dans le quartier irlandais en criant et en cassant des vitrines. Le lendemain, une vingtaine de jeunes hommes aux cheveux pâles firent de même dans le quartier italien. Le troisième jour, ces deux groupes se rencontrèrent à la limite de leur quartier respectif. La bagarre fit quelques blessés de part et d'autre, mais rien de trop sérieux pour l'instant. Chacun tentait d'impressionner ceux de l'autre clan, d'avoir l'air méchant. Les jours suivants, les hordes ennemies ne s'affrontaient plus qu'à coups de pierre, en gardant une distance suffisante pour fuir tout en continuant de provoquer l'Autre. Car si l'Autre commettait l'imprudence de s'enfoncer dans le quartier ennemi, on lui faisait un mauvais parti.

La tactique d'intimidation alors utilisée tenait autant de l'enfantillage que de l'humiliation. Quand on faisait un prisonnier, celui-ci était déshabillé et retourné chez lui complètement nu. Le premier jour, un Irlandais capturé par les Italiens rentra dans son quartier tout honteux, en marchant maladroitement et en se cachant avec ses mains. Ses ennemis avaient écrit dans son dos : « Je suis un stupide farfadet. » Le jour suivant, les Irlandais se vengèrent de façon semblable, et écrivirent dans le dos de leur prisonnier : « Mon avenir est ici », une flèche indiquant son fessier…

Vinrent ensuite les *tags*, qui devaient indiquer les démarcations de territoire, avec un « I » dans un cercle pour les Italiens, et encore un « I » dans un cercle pour les Irlandais. Les Chinois se marraient. Ils dessinaient une diagonale dans le cercle, comme le signe de l'interdiction, maudissant à la fois les Italiens et les Irlandais. D'uniformément noirs au début, les « I » devinrent rouges pour les Italiens et verts pour les Irlandais, lesquels les Chinois

barraient toujours. Grâce à ces symboles, chacun savait où il pouvait aller et où il n'était pas
le bienvenu. Mais il existait tout de même certains lieux de rencontre neutres, comme le Five
Points, le carrefour aux cinq rues.

La vie était devenue beaucoup plus dure pour
les rabatteurs comme Ed, car tous les groupes
se disputaient la clientèle du port. Le gros
Irlandais roux revint un après-midi avec
quelques ecchymoses que Lucy soigna avec
douceur. Ed était enragé, mais la présence de
celle qu'il aimait refroidit son tempérament
belliqueux et alluma ses ardeurs amoureuses. Il
se dit finalement que le statut de blessé de
guerre pouvait être enviable lorsque la soi-
gneuse s'appelait Lucy.

Il décida de profiter du fait qu'ils étaient seuls
pour se confier. Leduc recrutait des fiers-à-bras
et Ed hésitait à joindre les rangs.

— Tu es gros et tu vas devenir plus fort en
vieillissant, mais tu n'es pas obligé de devenir
idiot tout de suite, déclara Lucy.

— Je veux protéger les Irlandais !

— Contre les Chinois ?

Ed n'ajouta rien.

Les caïds comme Pierre Leduc ou Tony Puglia,
le chef des Italiens, n'avaient aucun mal à
recruter des jeunes qui voulaient prouver
quelque chose en tapant sur quelqu'un à peine
différent d'eux, et qu'ils ne connaissaient

même pas. C'était la loi de la survie : frappe, ou c'est toi qui te feras frapper.

Les points de jonction entre les quartiers devinrent des points de contrôle où des miliciens jouaient les importants en se comportant comme des douaniers. Les affaires de Leduc périclitèrent. Pourquoi payer pour voir des gens se battre alors que le spectacle était gratuit dans la rue ? Les clients de l'extérieur ne s'aventuraient plus beaucoup dans le sud de Manhattan. On craignait de se retrouver au milieu d'une rixe, ou d'être pris pour cible directe. Le Théâtre Magique ressentait fortement cette baisse de clientèle. La salle ne se remplissait que les dimanches après-midi, quand les bourgeois avaient moins peur de sortir. Même si Harry faisait tout juste ses frais, il ne se plaignait pas. Il rêvait cependant de voir son théâtre faire l'objet d'un article élogieux dans le journal, ce qui ferait nécessairement augmenter l'affluence.

Les journaux étaient les seuls à qui plaisait la tournure des événements. Ils avaient toujours quelque chose de torride à se mettre sous la dent. Des bandes de jeunes posaient fièrement pour les photographes : si l'on passait dans le journal, cela voulait dire qu'on était important. Même si la plupart des pauvres ne savaient pas lire, les journaux se vendaient bien grâce à de telles images.

☆ ☆ ☆

Aussi important était-il, monsieur White ne voulait pas avoir sa photographie dans le journal. Il avait attendu au bord de la rue que le photographe prenne un cliché de voyous irlandais qui montraient leurs muscles avant de passer son chemin. Mais il n'avait pas vu le deuxième photographe, un peu plus loin, qui prenait un plan plus large pour y inclure le premier photographe et sa prise. Monsieur White se retrouva dans cette deuxième image qui parut à la une du *New York Times*.

Monsieur White était un homme distingué dont les ancêtres étaient arrivés sur le *Mayflower*. Si l'on se fiait à tous ceux qui disaient que leurs ancêtres étaient arrivés sur ce premier bateau britannique, ce *Mayflower* devait être drôlement surchargé... Monsieur White était facile à reconnaître sur la photographie, avec son monocle, son habit trois pièces, son chapeau haut-de-forme et sa canne à pommeau d'argent, particulièrement à côté d'individus comme ces rouquins qui jouaient les pitres.

Les nouvelles du jour, telles qu'elles étaient présentées dans le *New York Times,* étaient livrées à la résidence des White chaque jour. Ce matin-là, comme d'habitude, sa femme regarda le journal avant lui, car il préférait le lire avec son xérès de seize heures. À son arrivée, ce respectable président de banque fut accueilli en ces termes par son épouse qui avait rongé son frein depuis le matin :

— Que faisais-tu hier, mon chéri, dans le sud de Manhattan ?

Le « mon chéri » avait été prononcé d'un ton un peu féroce.

— Où ? hésita monsieur White. Tu as passé une belle journée ?

— Dans le sud de Manhattan ! Et non, je n'ai pas passé une belle journée.

— Je ne vois pas ce dont tu veux parler. Pourquoi n'as-tu pas passé une belle journée, ma chérie ?

Les deux derniers mots avaient été prononcés avec le ton du mari qui mentait à sa femme tout en lui disant qu'il l'aimait.

— À cause d'une photographie dans le journal.

Monsieur White se servit un xérès lui-même, alors que sa femme s'acquittait habituellement de cette petite tâche. Le journal reposait à sa place, à côté de son fauteuil préféré. Après l'avoir déplié, il sut immédiatement où sa femme voulait en venir.

— Ah… Tu parlais de la photographie ?

— Oui.

— Je... je suis allé voir des immeubles à saisir.

La moitié des bâtiments de ce quartier aurait pu effectivement être saisie sur-le-champ. Les banques comme la sienne ne voulaient simplement pas se donner cette peine. En vérité, ce quartier était un véritable paradis du vice. C'était étonnant tout ce qu'un homme riche comme lui pouvait s'offrir en termes d'amusement !

— Tu as vu, chérie ? À la page huit, on parle d'un nouveau magicien à Manhattan. Il paraît qu'il est jeune et talentueux. Ça te dirait d'aller le voir dimanche prochain ?

17
Spiritisme

Big Mamma avait convoqué les trois amis pour une séance de spiritisme. Elle utilisait les techniques de dialogue avec les morts pratiquées dans sa famille depuis l'aube des temps. Elle avait invité Harry, Ed et Lucy parce qu'ils étaient les plus sérieux et matures de ses protégés et que, avec ces trois-là, la séance ne dégénérerait pas en soirée de loufoquerie.

Son but était simple et pratique : elle voulait savoir où Bull avait caché son coffre d'argent pour pouvoir faire main basse dessus. Cette dame si bonne et si honnête ne voyait aucun mal à voler un mort si celui-ci y consentait. Elle avait laissé ses jeunes logeurs sous la garde de quatre jeunes filles, puis était descendue au Théâtre Magique où l'attendaient sur la scène une table, quatre chaises et ses trois invités. Big Mamma avait confiance en la loyauté de ces derniers : voilà pourquoi elle comptait faire d'eux ses complices pour cette chasse au trésor.

— Maintenant, vous allez faire tout ce que je dis sans poser de questions.

Le magicien, la Chinoise aux yeux verts et le gros Irlandais étaient tout ouïe. La matrone poursuivit :

— Nous allons tenter de communiquer avec notre ami Bull, mais n'ayez aucune crainte. Non seulement Bull a-t-il été bienveillant au cours de sa vie mais les morts ne peuvent jamais rien contre les vivants. En aucun cas, ils ne peuvent vous atteindre, et ce, même s'ils vous invitent à «passer de leur côté». Au pire, ils sont simplement jaloux de la vie qui coule dans vos veines, au mieux, ils sont heureux d'avoir quitté ce triste monde. Parfois même, les gens qui ont vécu une bonne vie et une belle mort aiment à partager leur sagesse avec qui veut bien les entendre.

Les trois amis se regardèrent, un peu inquiets, malgré les paroles rassurantes de Big Mamma. Mais, tel qu'elle le leur avait demandé, ils ne posèrent pas de questions.

— À présent, prenez une grande respiration et détendez-vous. Laissez vos champs de perception ouverts. *L'impossible devient possible.*

Harry nota mentalement la formule afin de pouvoir éventuellement la livrer en début de spectacle. Big Mamma enchaîna :

— Ce soir, les barrières tomberont. Nous aurons accès au monde des morts pour parler à notre ami Bull, William John O'Hara. Bull, es-tu présent ? Bull, es-tu présent ? Bull, es-tu présent ?

Elle répéta la question encore et encore, jusqu'à ce qu'une voix familière se fasse finalement entendre :

— Oui, Big Mamma. Oui, Maria. Je suis présent. Je suis heureux de te parler de nouveau.

On aurait pu croire que la voix venait du plafond.

— Moi aussi, j'en suis heureuse, Bull, poursuivit Big Mamma. Nous le sommes tous.

— Qui est avec toi ?

— Il y a Harry Houdini...

— Le magicien ?

— Oui. Nous sommes dans son théâtre, celui que tu lui as loué.

— Pas mal pour une écurie...

On percevait l'admiration dans sa voix.

— Il y a aussi Ed Ryan.

— Mon gros ami !

Ed sourit, heureux qu'on se souvienne de lui ainsi.

— Et finalement, continua Big Mamma, il y a Lucy Lee.

— Ah ! La belle Chinoise aux yeux verts...

Ed gonfla le torse, fier que le cœur de celle qu'on venait de complimenter lui appartienne.

Big Mamma demanda aux trois jeunes de saluer Bull. Ils s'exclamèrent aussitôt d'une même voix : « Bonsoir, Bull ! »

— Ne perdons pas de temps, mes amis, fit le défunt sur un ton grave. Je sais ce que vous voulez. Je vous le donne. La caisse se trouve dans le mur du fond de la salle de bain de l'étage de l'immeuble. Il suffit de tirer fort sur le porte-serviette. Faites bon usage de ce trésor.

Tous quatre auraient aimé poser des questions à Bull, comme si celui-ci, du haut de son expérience nouvelle, avait toutes les réponses. Mais c'est lui qui eut le mot de la fin :

— Harry !

— Oui ? répondit-il, surpris d'être interpellé.

— Ta magie mettra fin à la guerre des gangs…

Puis, plus rien. On appela encore le nom de Bull, mais il ne répondit pas. La séance était terminée.

Harry était évidemment perplexe. « Ta magie mettra fin à la guerre des gangs… » Qu'avait-il voulu dire ? Big Mamma monta aussitôt pour voir si tout allait bien dans le dortoir des enfants. Elle redescendit rapidement avec un petit coffre à outils.

— Où allez-vous comme ça ? lui demanda Lucy.

— Nous avons un trésor à récupérer !

— Nous ? s'étonna le magicien. Je crois qu'il serait préférable qu'Ed et moi y allions. Nous reviendrons ici pour partager le butin.

Big Mamma allait protester quand elle se vit dans un miroir : une grosse femme de cinquante ans, facilement identifiable à cause de sa tache de vin, prête à partir dans la nuit de New York avec des outils à la main pour aller cambrioler le nouveau caïd du quartier. Et s'il fallait courir ? Ou se battre ? Elle devait en effet laisser cette tâche aux plus jeunes et leur faire confiance. La grosse femme donna le coffre à Ed qui en examina le contenu avant de partir. Il contenait tout l'attirail dont pourrait avoir besoin un bon cambrioleur.

Harry et Ed partirent reconduire Lucy à son travail, car les rues du quartier étaient de moins en moins sûres. Les deux garçons revinrent par un chemin détourné puis pénétrèrent dans une cour à cinquante pas de la bâtisse où habitait auparavant Bull et où Leduc avait élu domicile. Le quartier général était facilement identifiable de l'arrière comme de l'avant, car il s'agissait du seul immeuble de la rue dont le rez-de-chaussée était flanqué de grosses pierres blanches.

Est-ce que Pierre Leduc et ses deux gardes du corps dormaient ? Peut-être faisaient-ils encore des affaires ? La nuit profite aux bandits… Harry avait le trac, comme avant de donner un spectacle important, alors qu'Ed avait franchement peur. Ils ne savaient pas comment entrer : par la grande porte de devant ou par la petite porte de derrière ? Ou par une fenêtre, peut-être ? Ils optèrent finalement pour l'issue de secours. Ed fit la courte échelle à Harry qui attrapa la dernière portion de l'escalier, lequel descendit très lentement en produisant un grincement inquiétant. Lorsque les marches touchèrent le sol, les deux amis se précipitèrent et grimpèrent l'étage plus vite qu'ils ne l'avaient jamais fait. Mais, n'ayant plus de poids pour le maintenir au sol, l'escalier remonta rapidement et produisit en fin de course un «clang» retentissant à réveiller les morts.

Après s'être assurés que personne ne les avait entendus, ils se mirent à l'ouvrage. Ed fouilla dans le coffre de Big Mamma et en sortit un long fil métallique, lequel il plia en crochet. En quelques mouvements habiles, la fenêtre, verrouillée de l'intérieur, était ouverte. Dès qu'il y passa les pieds, deux paires de mains le saisirent et le jetèrent au sol à l'intérieur. Ne souhaitant pas abandonner son ami de la sorte, Harry se laissa prendre à son tour et eut droit au même traitement. L'heure était grave : les deux garçons se trouvaient à la merci de deux grands hommes, dont un avait le visage et les mains tachés de bleu. Et Leduc qui se pointait, enveloppé d'un long drap blanc. Dérangé dans son sommeil, le nouveau chef tremblait de colère.

— Qu'avons-nous là ? Deux petits fouineurs ? Attachez-les et jetez-les dans le cachot. Nous verrons demain ce qu'on fera d'eux.

Le cachot ! Ed imagina le pire des endroits : humide, froid, sombre et infesté de rats. Plutôt que de s'inquiéter de la prison où l'on allait l'enfermer, Harry tentait de trouver le moyen de se sortir de ce pétrin. Dès que son ami et lui seraient seuls, il utiliserait son arme secrète…

Le cachot en question n'était en fait qu'un placard à balais où ils furent jetés sans ménagement. Des balais et vadrouilles poussiéreux leur tombèrent sur la tête, ce qui fit paniquer Ed un moment. Le gros voleur entreprit aussitôt de tirailler sur ses liens tandis que Harry, plus calme, tentait d'atteindre son couteau dissimulé dans la doublure de son manteau. Puisqu'il n'y arrivait pas, il fit claquer ses ongles de pouces ensemble. Tina comprit que cela signifiait une gâterie pour elle, peut-être même un petit bout de chocolat. Mais pour y avoir droit, il fallait libérer les mains de son maître. La souris se mit donc à ronger les cordes autour des poignets de Harry avec une frénésie gourmande, si bien que, bientôt, le magicien était libre. Harry délia Ed et récompensa Tina, qui retourna se réfugier avec son morceau de chocolat dans la poche d'où elle était sortie quelques minutes plus tôt.

Le placard à balais fut déverrouillé sans peine et les comparses sortirent dans le couloir. Ed connaissait bien les lieux et avait de plus l'habitude de se guider dans le noir. Il retrouva sans problème la salle de bain où la caisse de Bull devait être cachée. Harry et lui tirèrent tous deux sur le porte-serviette et une petite section sortit du mur. Le coffre était bien là, dissimulé dans l'interstice. Ed s'en empara et le plaça sous son bras pendant que Harry replaçait la section. La partie était presque gagnée.

Les deux cambrioleurs quittèrent les lieux beaucoup plus discrètement qu'ils n'y étaient entrés. Ils avaient envie de chanter mais attendirent d'être arrivés au Théâtre Magique où, une fois la porte fermée, ils lancèrent un grand cri de victoire. Big Mamma comprit que les jeunes avaient réussi.

18
Adieu Tina

Depuis qu'un nouveau chef avait pris les commandes dans le secteur, le sang coulait plus que jamais. Les quartiers appartenaient aux Irlandais, aux Italiens ou aux Chinois, ou du moins à ces gangsters identifiables à la couleur du foulard qu'ils portaient au cou : respectivement vert, rouge et noir. Personne d'autre n'osait se promener la nuit tombée sur leur territoire, et surtout pas les policiers. Les agents de la paix ne sortaient le jour que pour ramasser les cadavres, au nombre de trois ou quatre chaque semaine, habituellement un dans chaque clan.

Et que dire des honnêtes gens ? Aller chercher du pain était devenu une aventure. En voler la nuit demandait également beaucoup de courage. Ed en fit pourtant l'expérience. Très tôt un matin, la lune toujours dans le ciel, il revenait de chez le boulanger avec un pain et des croissants (et un peu d'argent) pour le déjeuner de ses amis. Au tournant d'une ruelle, il se fit accoster par un groupe d'Irlandais. Son propre gang! Ils étaient cinq et n'entendaient pas à rire. Après l'avoir propulsé contre un mur, ils le rouèrent de coups sans même lui demander son nom. Incidemment, Ed ne portait pas de foulard vert.

Le pauvre garçon était tombé par terre, meurtri et le souffle coupé. Il ne fallait surtout pas qu'il pleure devant eux cependant.

— Je m'appelle Ed Ryan… Je suis Irlandais! Arrêtez de cogner!

— Qu'est-ce qui nous le prouve?

— Regardez mes cheveux. Avez-vous déjà vu un Italien avec des cheveux roux?

— Ça ne prouve rien… Et puis, qu'est-ce que tu fais ici à cette heure?

Les jeunes durs ne pouvaient admettre immédiatement qu'ils avaient tabassé un des leurs. Ils devaient lui refiler la responsabilité de cette bavure.

À l'heure qu'il était, Ed ne pouvait pas dire qu'il était allé acheter du pain.

— Un honnête voleur ne peut-il aller voler en paix son pain quotidien?

Amusés par ce brin d'humour franchement irlandais, ils décidèrent de le laisser aller en ne lui prenant que son argent.

— N'oublie pas ton foulard, demain... honnête voleur!

Il partit en titubant avec son pain et ses croissants écrasés dans ses gros bras tremblotants.

☆ ☆ ☆

Ed et Harry escortaient Lucy à son travail chaque soir. Elle travaillait en marge du quartier chinois, pas très loin du Five Points. Un soir, cinq Irlandais les suivirent. Ed montra son foulard vert à bout de bras, de sorte qu'ils ne furent pas attaqués. Mais les jeunes continuèrent néanmoins à les suivre. Lucy et ses deux gardes du corps arrivèrent aux limites du territoire irlandais dans un secteur apparemment ouvert... De l'autre coté de la rue se tenaient cinq jeunes Chinois sous la lumière d'un porche. Ils n'avaient pas encore vu les Irlandais qui se dissimulaient dans l'ombre. Les rues n'étaient éclairées que par la pleine lune masquée de nuages. Les individus inquiétants avaient tout de même repéré une Chinoise se promenant avec un Irlandais et quelqu'un d'autre qui pouvait passer pour un Italien. Ils parlèrent à Lucy en mandarin. Lucy traduisit pour le bénéfice de ses deux compagnons :

— Ce que je fais dehors avec un Irlandais et un Italien ? En fait, il n'est pas Italien ; il est... du Wisconsin, déclara Lucy. Cela pose un problème ? Je m'en vais travailler et ces deux messieurs m'escortent.

Harry et Ed ne comprirent pas la réponse qu'on lui lança.

— Ne serais-je pas mieux de me faire escorter par des Chinois ? reprit Lucy. Je ne crois pas. Ces messieurs sont mes amis.

Le plus vieux, qui n'avait pas encore parlé, prit la parole sur un ton insistant et impératif. Pour Harry, il était temps d'agir. Il fouilla dans ses poches et en sortit deux objets qu'il lança en même temps : un à ses pieds et l'autre par-dessus son épaule. Le premier explosa immédiatement en un écran de fumée. Harry prit ses deux amis par le bras pour s'éloigner de la brigade chinoise. Le deuxième objet décrivit une parabole et traversa la rue, trajet qu'il mit quelques secondes à compléter. Mais l'effet fut tout à fait spectaculaire : dès que le petit objet frappa le sol, il produisit un éclat aveuglant, une lumière d'au moins dix fois le flash d'un appareil photo. L'éclair intense avait détonné tout juste aux pieds des Irlandais qui regardaient la scène en se préparant à intervenir. À présent, ils avaient été découverts et ne pouvaient plus se cacher. Ils décidèrent de quitter les lieux en espérant que les Autres allaient les suivre dans le quartier qui était le leur. Mais les Autres connaissaient cette stratégie du fuite-appât qu'ils pratiquaient eux-mêmes. Ils s'en retournèrent donc chez eux en lançant quelques insultes bien senties aux trouillards qui n'avaient pas osé traverser la rue.

Après avoir laissé leur amie à la blanchisserie, Harry et Ed revinrent à leur logement en faisant un petit détour. Ils avaient le sens de l'orientation et peu importait qu'ils connaissent ou non le nom de la rue, ils retrouvaient toujours leur chemin. Ils arrivèrent à bon port et regagnèrent la sécurité de leur appartement au cinquième.

☆ ☆ ☆

Ailleurs dans la ville, la situation se détériorait toujours. Des incendiaires avaient allumé des feux. Les vieux bâtiments s'embrasaient facilement et les services d'incendie, qui n'étaient déjà pas d'une efficacité fabuleuse, hésitaient à faire leur travail dans des endroits aussi dangereux.

Pourtant, les chefs de gangs avaient interdit à leurs membres de provoquer des incendies car, contrairement aux hommes, le feu ne se contrôlait pas et pouvait facilement se retourner contre eux.

Des francs-tireurs tiraient sur tout ce qui bougeait dans le camp ennemi. Les frontières étaient maintenant aussi larges que la portée des carabines. L'anarchie s'installait de plus en plus dans les rues.

Contrairement aux autres chefs, Pierre Leduc faisait régner l'ordre sur son territoire par la terreur. L'ordre était bon pour les affaires : il fallait exporter le chaos vers les autres secteurs de la ville.

Tony Puglia, le chef des Italiens, cherchait une façon de reprendre l'avantage car il perdait du terrain. Non seulement y avait-il plus de victimes dans son clan que dans ceux des Irlandais ou des Chinois, mais ses propres commerces avaient étés saccagés plus que les commerces des camps adverses. Il cherchait à monter un coup qui atteindrait l'Autre en plein cœur, comme un bon coup de poing au ventre. Il pensait à ce magicien, Houdini, qui avait le nom et l'apparence d'un Italien mais qui travaillait pour lui-même en plein quartier irlandais. Il demanda à ses hommes de main qu'on emmène devant lui ce jeune homme dont tout le monde parlait.

— Mais c'est un magicien, patron, répliqua Mario.

— Et puis ? Il n'a que quatorze ans !

— Il a des pouvoirs magiques, intervint Luigi.

Tony était désarçonné, lui-même intimidé soudain par le mal que Houdini pourrait évoquer contre lui. Il valait mieux ne pas prendre de chances.

— Amenez-moi son assistante, alors !

— Si elle ne veut pas suivre, doit-on prendre des mesures extrêmes ? demanda sadiquement le troisième individu en faisant craquer ses jointures.

— Faites ce que vous devez faire. Il faut déstabiliser le magicien !

☆ ☆ ☆

Mario, Luigi et Aldo se présentèrent à la limite du quartier italien avec des foulards verts au cou, tachés du sang de ceux qui les avaient portés précédemment. Les trois Italiens se faufilèrent derrière le Théâtre Magique et attendirent la fin du spectacle. Ils avaient apporté trois cages contenant chacune un féroce chat de rue. Car, lorsque Tony leur avait parlé de « l'assistante » de Harry, les nigauds avaient pensé à Tina plutôt qu'à Lucy.

« Le petit rat mauve termine sa carrière ce soir », dit l'un des bandits. Ils ouvrirent les cages et poussèrent les matous dans le soupirail. Les trois félins prirent trois directions différentes pour cerner l'ennemi. Les jeux étaient faits.

Tina dégustait sa récompense pour avoir donné un bon spectacle. Elle perçut une odeur de matou, mais comme quatre spécimens félins habitaient au deuxième, elle ne s'inquiéta pas sur le moment. Mais l'odeur persistait et se rapprochait. Elle entra dans un mur et se retrouva dans la salle de maquillage.

Tina entendit miauler. Ce n'était pas un miaulement auquel elle était habituée. Il y avait un intrus ! À quoi servait d'avoir quatre chats dans l'édifice s'ils n'étaient pas capables de protéger leur territoire ? Un autre miaulement... Ils étaient deux. Tina comprit qu'ils l'avaient sentie. Et son maître n'était pas là pour la protéger. Il fêtait au deuxième étage le petit Fred qui avait enfin atteint ses six ans.

Tina décida de prendre la chance de monter au deuxième pour regagner le seul endroit où elle se sentait entièrement en sécurité : le manteau de son magicien. Elle gagna l'escalier et monta par la rampe. La petite souris mauve arriva en haut, le cœur battant à tout rompre, seulement pour être accueillie par les quatre chats du deuxième étage. Les trois matous étrangers avaient pour leur part suivi Tina par l'escalier. Elle était coincée…

Plutôt que de se faire écorcher vive, Tina assista à la plus belle bagarre de chats de sa vie : quatre contre trois. Ça griffait, ça mordait, ça miaulait et ça crachait. Le cadre de la porte était bordé de têtes d'enfants qui regardaient. Devant eux, Harry les empêchait d'avancer. Une petite fille cria : « Tina ! » et la souris fonça vers son abri. Mais le plus gros des chats l'avait vue et délaissa la bagarre une petite seconde pour lui barrer l'accès au manteau du magicien. « Non ! » hurla Harry. Mais avant même qu'il eût temps de faire un pas vers elle, sa souris fut avalée tout rond.

Un petit bout de queue mauve fut le seul souvenir qui resta de la pauvre Tina.

19
Le clan des Américains

Les chats étrangers déguerpirent aussitôt leur méfait accompli. Ils étaient en nombre inférieur, surtout depuis que le plus gros matou de leur groupe les avait quittés avec sa proie. Ils descendirent les marches et passèrent par la petite fenêtre pour retrouver leurs maîtres.

— Là, ça suffit !

Harry était vraiment en colère. Oui, les chats mangeaient les souris depuis toujours. Tina était passée près de se faire dévorer une bonne dizaine de fois. Elle commençait d'ailleurs à être vieille pour une souris et c'était peut-être ce qui l'avait perdue. Mais le magicien avait aperçu trois individus s'enfuir avec les chats étrangers. Il fulminait à l'idée que des hommes aient utilisé l'instinct de chasseur de leurs bêtes pour l'atteindre en tuant sa chère Tina. En plus, il était embêté car une partie du spectacle reposait sur les toutes petites épaules de sa souris, du moins la partie qui faisait le plus rire les enfants. Il devait monter d'autres numéros.

Une affiche apparut sur la porte du Théâtre Magique : « Fermé pendant une semaine pour cause de décès. »

☆ ☆ ☆

Le coffre de Bull contenait deux cent dix dollars et vingt cents. Les vingt cents furent remis au petit Fred en guise de cadeau d'anniversaire. Les dollars furent ensuite divisés en deux : Big Mamma en reçut la moitié et les trois amis se séparèrent le solde, soit trente-cinq dollars chacun. Ils n'avaient jamais été aussi riches ! C'est donc avec une part de cette nouvelle fortune que Harry confia à Ed la mission de lui procurer une nouvelle bête de scène : un lapin, cette fois.

Harry ruminait des pensées noires, des idées de vengeance, qu'il exprima ouvertement devant les enfants de Big Mamma. La bonne dame fit rentrer les petits dans leur dortoir, considérant qu'un tel langage n'était pas approprié pour eux, et lança un regard réprobateur à l'endroit du jeune homme. Depuis la mort de sa souris, la rumeur populaire avait amplifié la colère de Harry au point de lui prêter l'intention de transformer les responsables de la mort de Tina – les hommes, pas les chats – en souris. Une autre rumeur plus folle encore courait : le magicien allait descendre sur ses ennemis dans un chariot de feu, tiré par des éléphants invisibles... Cette dernière image venait de la volonté bien arrêtée et maintes fois exprimée par Harry de faire disparaître un éléphant un jour…

Ed s'était acquitté de sa mission. Seulement, il était rentré à l'appartement avec un lapin écorché, auquel il ne restait plus que du poil aux pattes.

— Si je sors ça de mon chapeau, tu ne crois pas que les enfants vont crier? lança Harry.

— Tu le voulais vivant? questionna Ed.

— Fringant, même. Et poilu!

— Qu'est-ce que je fais de celui-là?

— Tu le donnes à Big Mamma pour ajouter dans le ragoût.

— Je peux garder les pattes? Ça porte chance.

Avec tous les porte-bonheur qu'Ed collectionnait, il aurait dû être le garçon le plus chanceux de New York.

☆ ☆ ☆

La semaine fut fertile en événements. Ed trouva d'abord un lapin bien vivant pour son ami. Alors que Harry entreprenait de lui montrer les tours de Tina – ainsi que d'autres développés spécifiquement pour le nouvel animal –, le *New York Times* titrait: «Terreur à Manhattan.» Il était question de meurtres crapuleux, de mutilations, d'intimidation, de matraquages, de duels à la machette et au pistolet. Un seul événement permettait d'écrire des pages de ragots et de gonfler l'importance du conflit.

Les résidants du quartier avaient peur de sortir dans la rue de jour comme de nuit. La migration vers le Bronx, le Queens et Brooklyn avait débuté. Les familles qui le pouvaient mettaient leurs maigres avoirs dans une charrette puis prenaient un ferry-boat ou traversaient le pont de Brooklyn pour aller s'installer dans les villages avoisinants. D'autres qui étaient chassés de chez eux mais qui ne pouvaient migrer vers l'intérieur du continent se réfugiaient au Théâtre Magique ou chez Big Mamma. L'édifice au complet était devenu un refuge pour les neutres, soit ceux qui ne prenaient pas parti dans le conflit qui opposait les clans. Parmi eux, des familles dont le père irlandais avait fait quelques enfants à la mère italienne. Certains, sans affiliation particulière, comme ces Canadiens français qui avaient fui la misère des terres du nord pour venir travailler dans les usines, ne se voyaient aucune disposition pour la violence. Mais plusieurs nouveaux arrivants étaient armés, «pour se défendre» affirmaient-ils.

Harry en avait plus qu'assez de la situation. Il savait qu'on attendait quelque chose de lui, mais se demandait bien ce qu'il devait faire et comment il pouvait mettre sa magie au service de la paix, comme Bull l'avait prédit. Sans l'avoir voulu, il était devenu un leader, au même titre que Pierre Leduc, Tony Puglia ou Zhou Jong, le chef des Chinois. Le jeune magicien, lui, était devenu le chef des bâtards, des laissés-pour-compte. Il y avait même dans les rangs quelques Noirs et un Indien ! Le bas Manhattan était devenu une zone sinistrée, et ceux qui avaient de l'argent n'y venaient plus. Seuls quelques rares clients arrivaient par bateau, mais ils quittaient le quartier aussi rapidement que possible.

Harry préparait pour le dimanche suivant un mégaspectacle qui, espérait-il naïvement, réunirait des spectateurs de tous les quartiers. Pas question de se produire cette fois dans une petite salle du quartier irlandais. Il déménagea donc son matériel au Five Points, ce carrefour des ethnies où vivaient les plus pauvres des pauvres. Une vieille épicerie polonaise, la Varsaw, venait de fermer. Harry loua le local vide pour en faire ses coulisses. Il aménagea sa scène directement sur le côté de la rue, devant le commerce, à l'aide de caisses vides trouvées en abondance dans le local. Il placarda le quartier irlandais d'affiches : « Spectacle de magie gratuit du grand Harry Houdini au Five Points, dimanche, à midi. »

Il délégua également des intrépides pour laisser des piles d'affiches aux abords des autres quartiers. Les chefs des Autres permirent que l'on fasse de la publicité pour le spectacle sur leur territoire. Ils encouragèrent même leurs protégés à y assister, histoire de faire une démonstration de force directement devant les clans ennemis. La police eut vent des intentions des différents groupes et suggéra à Harry d'annuler son spectacle. Face au refus du magicien, les policiers dépêchèrent sur les lieux plusieurs effectifs, lesquels étaient toutefois largement insuffisants.

Car il y avait foule. Alors qu'il remplissait à peine son petit théâtre de cinquante places trois fois par semaine, Harry comptait devant lui plus de cinq cents personnes. Toute circulation était bloquée au carrefour. Des policiers tentaient de séparer les groupes antagonistes qui se promettaient mille sévices à la fin du spectacle. On craignait que l'émeute éclate à tout moment.

La voix grave et forte d'Ed retentit jusqu'au dernier rang, couvrant l'agitation de l'assistance :

— Bonjour, bonnes gens ! Soyez les bienvenus au spectacle du merveilleux, du fantastique, de l'incroyable Houdini. Vous assisterez aujourd'hui à des phénomènes inexplicables qui vous épateront. Oui, je dis bien de la magie ! Vous n'en croirez pas vos yeux et, pourtant, vous aurez vu vrai. Mesdames et messieurs, veuillez accueillir Harry Hou–dini !

Harry arriva sur scène vêtu d'une belle cape de velours et de son chapeau haut-de-forme. Il n'avait pas la voix d'Ed, mais la foule, qui en grande partie avait entendu parler de ses multiples talents, se calma afin de l'entendre. Le magicien, un peu nerveux, prit son souffle pendant qu'un de ses nouveaux assistants parmi les enfants de Big Mamma produisait un roulement de tambour.

— Aujourd'hui, l'impossible deviendra possible, entama-t-il. Aujourd'hui, l'illusion sera la norme ; l'ordinaire deviendra le merveilleux. Laissez-moi d'abord vous présenter mon nouvel ami.

Il renversa son chapeau sur la table devant lui et, après de larges gestes lents qui n'avaient pour but que de faire monter la tension, il en sortit un lapin. Petits applaudissements polis. Le lapin ne payait pas de mine. Il était blanc avec des taches brunes et un œil cerné de noir. Ses oreilles pendouillaient lamentablement comme s'il croyait être sur le point de se faire dévorer par une bête féroce. Il tremblait. Avait-il le trac lui aussi ?

Harry présenta son autre assistante, Lucy, qui apparut dans son joli costume de scène. Elle fut applaudie à tout rompre par une foule en délire où chaque groupe tentait de dominer les autres par le bruit. Le magicien enchaîna par des tours habituels comme les anneaux qui se défont par magie, la grande roue et la petite roue, propulsées

par le lapin cette fois, et, finalement, la guillotine... Après avoir coupé un pied de céleri, il
demanda comme d'habitude un volontaire. La
foule se tut. À un moment, on entendit crier :
« Demande à un Italien ! » Un autre spectateur
riposta : « Tu ne peux pas demander à un
Chinois, il n'a pas de tête ! » D'autres insultes du
même genre fusèrent encore, puis le silence
revint, devant le magicien qui les observait d'un
air autoritaire, sans rien dire.

Quand Harry plaça la tête de Lucy sous la
lame de la guillotine, Ed blêmit comme toujours. Mais tout se passa fort bien, et les
applaudissements se firent plus généreux.

Ensuite, Harry se fit passer les menottes par
un jeune policier qui avait pris place juste
devant la scène.

— Que ceux d'entre vous qui ont déjà porté
ce genre de bracelet crient « Hourra ! »

Des cris fusèrent d'un peu partout dans la
foule, ce qui n'amusa pas les policiers, déjà sur
leurs gardes. Lucy et Ed enfermèrent le magicien dans une cage. De fiers jeunes hommes
vinrent ensuite vérifier la solidité des barreaux. Comme l'un était Italien et l'autre
Irlandais, toute connivence était donc exclue.
Sur fond de roulement de tambour, la cage fut
ensuite descendue dans une grande cuve d'eau
et complètement immergée. La foule retenait
son souffle pour le jeune homme qui devait

sûrement en avoir besoin. Lorsque Harry sortit une main de la cuve, le pouce en l'air, la foule respira. Le magicien sortit de l'eau, monta sur la scène et salua les spectateurs qui ne se contenaient plus. Ils explosèrent en « Bravo ! Formidable ! Sensationnel ! » sous des applaudissements nourris. Il les avait conquis. Les membres de tous les clans avaient eu peur pour lui ! Maintenant ils étaient unis dans la joie de l'avoir vu réussir son coup.

Harry renchérit avec des numéros de pyrotechnie, de fumée, de miroirs et d'autres illusions qui laissèrent les spectateurs ébahis. Vers la fin, il se tourna vers eux avec un drapeau blanc dans les mains.

— Plusieurs d'entre nous sont venus en Amérique pour fuir la misère du pays de leurs ancêtres. Certains sont venus d'Irlande...

Pendant qu'il faisait flotter le drapeau, la couleur de celui-ci changea et passa au vert. La section irlandaise se mit à hurler. Les policiers devenaient de plus en plus nerveux. Ils craignaient que la situation se détériore au point de les mettre eux-mêmes en danger. Le capitaine tira même un coup de feu en l'air pour rétablir le silence.

C'est alors qu'on entendit dans la foule :

— Je suis Bill Mullin et je suis Irlandais !

Quelques-uns de ses proches proclamèrent de la même façon :

— Je suis Patrick O'Hara et je suis Irlandais !

— Je suis John Connely et je suis Irlandais !

Les déclarations de foi continuèrent sur le même ton pendant quelques minutes. Elles étaient lancées fièrement à la face des Autres comme un défi.

— Je suis Pierre Leduc et je suis Irlandais ! fit même le nouveau chef.

Un roulement de tambour redonna la parole à Harry.

— D'autres sont venus d'Italie...

Et le drapeau tourna au rouge en flottant au-dessus des premiers rangs composés en majorité de neutres dont aucun ne se leva pour revendiquer son origine.

— Je m'appelle Tony Puglia et je suis Italien ! entendit-on au loin.

— Je m'appelle Pietro Foglia et je suis Italien !

— Je m'appelle Aldo Mastroiani et je suis Italien !

Les manifestations patriotiques de la sorte se poursuivirent encore et reçurent un bon accueil de la communauté italienne, mais se firent huer par les autres clans. Le drapeau du magicien passa au noir.

— Les Chinois vinrent de leur lointain pays...

Une autre suite de déclarations suivit les paroles de Harry.

Le magicien enchaîna alors que son drapeau revenait au blanc. Il parla des Russes, des Polonais, des Canadiens, des Allemands et des Juifs, sans oublier les Indiens d'Amérique qui étaient là avant tout le monde. Un seul cri répondit à cette dernière mention, émis dans un silence respectueux soudain. Harry faisait toujours flotter son drapeau. Il fit une pause et parla encore plus fort à cette foule qui l'écoutait maintenant avec toute son attention :

— Je m'appelle Harry Houdini et je suis Américain !

Personne ne savait comment réagir. Huer ou applaudir ?

— Je m'appelle Ed Ryan et je suis Américain ! s'exclama le gros Irlandais de sa voix la plus sonore.

— Je m'appelle Lucy Lee et je suis Américaine ! rappliqua l'assistante du magicien.

Le drapeau blanc s'était transformé en bannière rayée et étoilée : le drapeau américain, que Harry brandissait de plus belle au-dessus de la foule. D'autres personnes se nommèrent avant de se déclarer américaines elles aussi. Le nouveau clan des Américains était fondé, et les recrues se massaient devant la scène pour se retourner face aux autres spectateurs. Même Big Mamma se prononça :

— Je m'appelle Maria Washington et je suis Américaine !

Une bonne cinquantaine d'enfants se levèrent avec elle et vinrent se placer devant la scène.

Soudain, le drapeau de Harry s'envola au-dessus de la masse de gens rassemblés devant la scène, décupla en taille et alla se planter dans le mur de l'édifice d'en face.

Les trois chefs qui avaient cherché la veille dans une réunion secrète une façon de mettre fin à la guerre des gangs sentirent le vent tourner. Ils se consultèrent au loin du regard, puis trois déclarations solennelles suivirent :

— Je suis Pierre Leduc et je suis Américain !

— Je suis Tony Puglia et je suis Américain !

— Je suis Zhou Jong et je suis Américain !

La trêve était conclue. Harry et Lucy saluèrent. La foule applaudit. Un nouvel ordre était né.

20
La paix

Sur le chemin du retour, le héros de la soirée passa par son théâtre.

Le calme et la paix étaient revenus dans les rues de New York. Bull avait dit vrai : sa magie avait en effet mis fin à la guerre des gangs. Plusieurs adultes et plusieurs enfants se préparaient à fêter la grande réconciliation. Les trois caïds avaient décidé d'exploiter en commun le potentiel des quartiers, ayant élaboré une nouvelle maxime affichée à l'entrée de leur bureau respectif : « La guerre, c'est mauvais pour les affaires. »

☆ ☆ ☆

Bien qu'il avait choisi de rester en Amérique, monsieur Silverman ne voulait pas rester à New York. Même si la paix était revenue, un vieux Juif ne savait que trop bien que la bonne volonté ne dure qu'un temps. Il en serait autrement à Appleton au Wisconsin, du moins l'espérait-il. Il s'installerait chez les Weiss. Son passage à New York avait été éprouvant. Il y avait laissé le tiers de sa fortune et sa vieille carcasse avait été malmenée. Mais ses trois jeunes sauveteurs lui avaient donné le goût de croire en l'avenir de ce pays. Et il fallait bien que l'Amérique connaisse ses cornichons !

Harry avait rempli sa mission : il avait accueilli l'ami de son père, qui partirait demain pour Appleton. Mais lui-même avait beaucoup changé pendant ces quelques semaines. Normalement, il devait lui aussi prendre le train pour aller retrouver ses parents et reprendre son quotidien, comme ce à quoi on s'attendait du fils du rabbin. Non que Harry, et encore moins Ehrich, fût foncièrement délinquant, mais les moments intenses qu'il avait vécus dans la grande ville, ses prestations devant des publics qui en redemandaient et les grandes amitiés qu'il y avait nouées teinteraient la vie à Appleton d'une grisaille nostalgique.

Pour Harry, il n'était pas question de rester à New York, même s'il y dirigeait maintenant son propre théâtre. Mais le Wisconsin n'était pas pour lui non plus. D'ailleurs, il se voyait mal débarquer chez ses parents avec tout son attirail de magicien, surtout son impressionnante guillotine…

Son matériel de magie remplissait bien une petite voiture ou le tiers d'un wagon de train de marchandises. Et il avait l'argent pour le transporter. Mais où ?

☆ ☆ ☆

Alors que tous ses amis, et même de purs inconnus, le félicitaient pour son grand geste de pacification – et non pas pour son spectacle, ce qui le désolait –, Harry ne se sentait pas vraiment le cœur à la fête. Quelle serait la suite pour lui ? Où va-t-on après avoir conquis New York ? Son théâtre s'était transformé pour l'heure en piste de danse et un orchestre s'était improvisé sur la scène. Le Théâtre Magique était maintenant l'endroit le plus animé en ville, l'endroit où l'on fêtait l'unité des New-Yorkais.

Ed et Lucy ne se posaient pas les mêmes questions qui hantaient Harry. Alors que les deux amoureux dansaient un quadrille américain au Théâtre Magique, on voyait bien qu'ils étaient transportés de joie. Ed fit un faux pas et entraîna sa partenaire qui tomba sur lui à la dernière note. Ils rirent un moment et prirent le temps de se contempler un peu avant de se relever et de reprendre la danse.

Big Mamma avait bien vu que Harry n'était pas aussi heureux que les autres alors qu'il était le héros de cette journée. Elle qui avait gardé secret son nom durant toutes ces années, elle l'avait crié à la face du monde pour entrer dans ce clan, cette famille qui était maintenant la sienne, le clan des Américains. Mais Maria

Washington était redevenue Big Mamma en voyant qu'un de ses enfants était triste. Elle comprenait que le petit magicien était arrivé à un cul-de-sac.

— Et toi, Harry ? Tu ne danses pas ?

— Je ne sais pas...

Il avait à prendre des décisions, mais ces choix ne se présentaient pas à lui clairement. S'il restait à New York, il pourrait compter sur « l'ouverture des marchés » que la paix amènerait. Les riches et les pauvres des autres quartiers auraient tous envie de voir le magicien de la paix, un garçon qui avait fait tomber tous les préjugés. Il était celui qui ne traînait pas dans le passé et qui regardait vers l'avenir. Mais il ne voyait rien à court terme pour lui ici et il ne lui restait qu'à espérer que le destin lui tire une carte chanceuse.

Un grand homme entra dans le théâtre. Il était l'incarnation même de la dignité, avec un port de tête altier, une coupe de cheveux impeccable, des yeux doux et un regard précis, des gestes gracieux sans être délicats. Il se dirigea naturellement vers Big Mamma, la dernière adulte encore présente à cette heure. Il s'inclina légèrement puis tendit la main.

— Bonjour, madame. Je me présente : David Esteban. Je suis le directeur du Cirque des rêves vivants, un cirque ambulant de renommée mondiale. J'aimerais connaître le magicien qui a présenté l'excellent spectacle que j'ai eu l'occasion de voir ce midi.

Harry se demandait s'il avait bien compris. Un sourire apparut aussitôt sur ses lèvres. Beaucoup de personnes l'avaient félicité pour son coup d'éclat – celui du drapeau aux couleurs de tous les clans – mais bien peu lui avaient parlé de l'ensemble de sa prestation. Et ce monsieur qui était du domaine du spectacle l'avait apprécié ! Big Mamma remarqua la métamorphose de Harry.

— Bonjour, monsieur. Je m'appelle Maria Washington, et je suis Américaine.

Big Mamma le répétait sans cesse et toujours avec beaucoup d'émotion depuis qu'elle l'avait déclaré publiquement.

— Je vous présente Harry Houdini, le magicien prodigieux qui nous a tous éblouis aujourd'hui.

Harry se leva et tendit la main au grand homme.

— Bonjour, monsieur. Pourquoi souhaitiez-vous me rencontrer ? demanda-t-il, à la fois anxieux et plein d'espoir.

— Je suis continuellement à la recherche de nouveaux talents. Et aujourd'hui, j'en ai trouvé un.

Le sourire sur le visage de Harry trahissait sa grande fierté. L'homme poursuivit :

— Votre spectacle m'a beaucoup plu. Notre magicien nous a quittés dernièrement et nous cherchons un illusionniste de talent pour le remplacer au sein de notre cirque.

— Vous l'avez trouvé! déclara Big Mamma.

— Je crois bien, dit l'homme en envoyant un clin d'œil à Harry. Nous reprenons la route demain et aimerions bien vous compter parmi nous, jeune homme.

Le magicien avait envie de sauter de joie. Mais il avait encore des demandes à formuler.

— Pourrai-je emmener mon assistante?

— Cela me semble indispensable. Et vous apporterez votre équipement également. Nous avons une voiture qui peut contenir tout votre matériel et qui vous servira aussi pour dormir. Les repas sont pris en commun. Nous paierons dix dollars par semaine pour toi et ton assistante et les repas sont compris.

Harry eut une pensée pour Ed, qu'il ne pouvait se résigner à laisser derrière.

— J'ai un ami, un garçon honnête, solide et travaillant. J'aimerais l'avoir sous la main, si possible.

L'homme hésita un moment. Il proposa finalement:

— Je lui donnerai trois dollars par semaine pour nous aider à monter le chapiteau et pour nettoyer derrière les éléphants.

— Il en sera sûrement ravi!

Harry lui tendit la main, heureux de l'occasion qui se présentait et comblé du fait qu'il n'aurait pas à se séparer de ses deux amis.

— Marché conclu, donc? demanda le grand homme.

— Marché conclu!

— Marché conclu en effet, répéta monsieur Esteban, visiblement satisfait par l'affaire. Nous passerons vous prendre à midi demain à votre porte pour charger votre matériel.

Dès que le visiteur eut franchi la porte, Harry cria toute sa joie. Un chemin venait de s'ouvrir au bout de son cul-de-sac. Ed et Lucy vinrent le rejoindre, intrigués par le changement d'humeur subit de leur compagnon. Ed fut surpris de se faire demander:

— As-tu peur des éléphants, mon ami?

— Je n'en ai jamais rencontré. Pourquoi?

Harry s'adressa ensuite à Lucy:

— Aimerais-tu, chère assistante, quitter ton emploi à la blanchisserie pour venir avec moi présenter notre spectacle partout au pays?

— Mais… oui, oh que oui!

Elle lui sauta au cou, ce qui jeta Ed dans la confusion. Il se sentait abandonné par le destin.

Ce fut Lucy qui demanda à Harry:

— Et Ed?

— Il vient avec nous, bien sûr, s'il le veut bien.

Tandis que le magicien leur expliquait les termes du contrat, y compris le ramassage d'excréments d'éléphants, Ed eut une idée bizarre :

— Si tu parviens à faire disparaître un éléphant, ne pourrais-tu pas également faire disparaître ses... déchets ?

☆ ☆ ☆

Harry prépara une lettre pour ses parents qu'il confierait à monsieur Silverman pour qu'il la leur remette en main propre.

Chère maman,
Cher papa,
Comme monsieur Silverman pourra vous le confirmer, je suis heureux. J'ai réussi comme magicien à New York, mais on m'a proposé de partir en tournée avec un cirque ambulant. Je crois que je vais saisir l'occasion, car je pourrai ainsi me faire connaître dans toute l'Amérique. On dit de moi que je suis devenu vraiment très bon. Puisque j'emmène mes deux amis avec moi, je ne serai pas seul. Ne vous inquiétez pas. Je vous aime.
Ehrich
P.-S. – Je me fais désormais appeler Harry Houdini. Si vous entendez ce nom, vous saurez qu'il s'agit de votre fils !

Lucy et Ed préparaient leurs bagages. Le gros Irlandais n'était pas encore convaincu de l'affection réciproque de celle qu'il aimait.

— Dis, Lucy... Tu serais partie sans moi ?

— S'il l'avait fallu, je t'aurais caché dans ma valise, idiot !

— Alors, entre Harry et moi, c'est… ?

— C'est toi que j'aime, idiot !

— Ça, tu l'as déjà dit.

— Que je t'aime ?

— Que je suis idiot... bégaya-t-il, soulagé mais toujours un peu confus.

Lucy le regarda bien en face en le tenant par les oreilles.

— Écoute-moi, alors. Harry est un magicien hors pair qui deviendra sans doute une grande vedette. C'est aussi un très bon ami pour moi comme pour toi. Je l'aime bien, mais je ne suis pas amoureuse. Pas de lui, en tout cas. À présent, veux-tu m'embrasser ?

Elle avait dit cela d'un ton tellement anodin qu'Ed n'était pas sûr d'avoir bien compris. Il fallut qu'elle le tire par les oreilles pour qu'il approche enfin sa bouche de la sienne. Dès que leurs lèvres se touchèrent, toute timidité disparut et ils échangèrent un baiser passionné.

Ed était heureux comme il ne l'avait jamais été.

Lucy était au comble du bonheur.

Harry, lui, était impatient de se retrouver sous le chapiteau du cirque.

Tout était prêt le lendemain quand une voiture, avec un cocher de très petite taille, arriva devant le Théâtre Magique. Le matériel fut chargé en vitesse avant que Big Mamma, la larme à l'œil, prenne Lucy, Harry et Ed dans ses bras.

— Bonne vie, mes chéris ! Je suis heureuse de vous voir nous quitter pour une vie meilleure. Vous allez me manquer.

Harry embarqua à l'avant avec le conducteur tandis que les amoureux s'installèrent à l'arrière, où ils se sentirent un peu tassés.

— N'aie pas peur de me coller, Ed, lui dit Lucy. De toute façon, tu n'as pas le choix…

Une foule d'Irlandais, d'Italiens, de Chinois et d'autres Américains s'était assemblée pour assister au départ du magicien et de ses amis. La voiture n'avait pas encore tourné un coin de rue que les passants scandaient :

« Houdini ! Houdini ! Houdini ! »

Extrait du livre
Confidences d'un prestidigitateur
de Robert-Houdin

COMMENT TROUVER UNE CARTE CHOISIE PAR UN SPECTATEUR

Brassez les cartes devant votre public. Une fois cela terminé, jetez un coup d'œil rapide et discret sous le paquet pour en mémoriser la dernière carte.

Éventez le paquet, face vers le bas, et demandez à un spectateur de choisir une carte au hasard. Refermez le paquet, demandez-lui de mémoriser sa carte, de la montrer à son voisin puis de la placer sur le dessus.

Demandez au spectateur de couper le jeu de cartes. Placez la moitié du bas sur le dessus du paquet. La carte que vous aviez mémorisée se trouve maintenant juste au-dessus de la carte choisie.

Retournez le jeu de cartes et ouvrez-le en éventail devant les spectateurs. Repérez la carte qui était au bas du paquet tout au début du jeu. La carte suivante sera celle que vous aviez à identifier.